SHODENSHA
SHINSHO

日本人と中国人

――〝同文同種〟と思いこむ危険

陳舜臣

JN229446

祥伝社新書

本書は、小社にて一九七一（昭和四十六）年に新書判（ノンブック）として刊行され、一九七八年に愛蔵版として単行本化された。その後、一九八四年に集英社文庫となり、二〇〇五（平成十七）年に恒文社より新装版として単行本化される。そして今回、天児《あまこ》慧《さとし》氏の解説を付して、改めて新書として世に問うこととなった。

まえがき

これは私の、はじめての長篇エッセイである。

だいぶ前に、自分の住む神戸《こうべ》のまちを紹介する本を出したが、そのときはエッセイを書いたという気はしなかった。いちど小説に書いたアヘン戦争を、最近、実録として一冊の本に概説したが、これはむしろドキュメンタリーのジャンルに属すであろう。

短いエッセイなら、ずいぶん書いてきた。いちいちおぼえていないけれども、最初のそれは、やはり記憶にあざやかにのこっている。私の小説の処女作が出版されたのは、昭和三十六年十月のことだが、随筆の処女作は、その年の十二月の朝日新聞にのったものである。大阪本社からの依頼であったが、東京版にも掲載された。分量は四枚で、与えられたテーマは『歳末風景』であった。そのなかで、私はつぎのようなことを述べた。

……十二月二十二日は『冬至《とうじ》』である。いずれいわく因縁《いんねん》のある日にちがいないが、私は子供のころからその日を『ダンゴを食べる日』としか認識していない。毎年冬至のダンゴを食べてから、やっと歳末という気がしはじめる。……

中国人家庭の歳末風物詩を紹介したつもりであった。中国人全般の風習であるとは書いていないが、たいていの読者はそううけとったであろう。また私もそのつもりで書いたのだった。

ちょうど冬至の日に、この文章は掲載された。その日の朝、広東省《カントン》出身の友人が電話をかけてきて、「われわれにはそんな習慣はない」と言う。

数日後、町で出会った北京《ペキン》出身の人も、わざわざ私を呼びとめて、北京では冬至にダンゴではなくワンタンを食べるのだ、と教えてくれた。

いささかあわてて、ほかの地方出身の同国人に訊《き》いてみたが、冬至にダンゴを食べるのは、どうやら台湾と福建《ふくけん》の両省に限られた習慣らしいとわかった。

処女随筆にしては、抜かりがあったといわねばならない。しかし、私が地方的な風習を全国的なものと考えたのは、すこしは根拠もあったのである。

執筆のときに、私はむかし読んだある詩をかすかに思い出していたのだ。作者の名も正確な詩句もおぼえていないが、どこかの茶店でダンゴを出されたときに作った詩である。冬至ではなかった。メニュウにでものっていたのか、その店ではいつもダンゴがあるとわかって、その人は興をおぼえたとみえる。詩のなかに、『ここでは毎日が冬至のようだ』という意味の句をはさんでいた。

中国には方言は多いが、文字に書けば全国に通用する。ことに普遍的に理解されるのを原則とするのが詩であるから、それを通じて、私は冬至にダンゴを食べる風習を、中国全土に普遍的なものと思い込んだのである。おそらくその詩は、地方の文人か、それとも旅行や滞在によってその地の風習を知った人物の作であろう。

何年か前の思いちがいを、ここに『まえがき』として披露する。この本の内容についても、私はおなじ種類の錯覚を再び犯《おか》しているかもしれない。裏づけがあると思って書いたことが、ほんとうはその根拠が薄弱、または誤っていたというケースもあるだろう。あらかじめ読者にそのことを、念頭においてもらいたい。

あとで嗤《わら》われるかもしれないのに、私はあえてこの本を書く。

一人の日本育ちの中国人が、物心《ものごころ》ついたころから中国と日本のことを、つねに考えねばならなかったことから、それについていくばくかの蓄積があると思い、他人にもそれを知ってもらいたいのである。日本と中国の相互理解に、すこしでも役に立てばと思って。

日中の友好のうえにしか、この本の作者には安住の場所がない。冬至のダンゴのごとき陥穽《かんせい》が、あちこちにあることはよく知っている。その危険を進んで冒《おか》そうとするのは、やむにやまれぬものがあるからだが、その熱気をなだめつつ筆を進めることにした。

昭和四十六年七月一日

陳舜臣《ちんしゅんしん》

目次

本文デザイン 盛川和洋

第一章

日本人と中国人に関する一問一答

——あなたは一体、どれだけ知っているか？

「中国人は商売の天才だ」——ある貿易商の感想

引退したもと貿易商社重役はいう。——

「中国人はほんとうに商売がうまいです。あれはもう先天的な商業民族ですな。ユダヤ人だって太刀打《たちう》ちできない。わたしの長い経験から、そう断言してもよろしい。なにしろわたしは戦前、上海《シャンハイ》に六年、天津《テンシン》に二年、広州《こうしゅう》に四年もいたんですから、この眼でたしかめて、まちがいありません。わたしの渡り合った中国人は、ほとんど例外なしに商売の天才でしたよ。あなた、そう思いませんか？」

お答えします。——

あなたは会社から派遣されて、上海、天津、広州などに駐在されました。華北、華中、華南の各地を、つまり中国をかなり広く見聞されたのです。『中国を知っている』という自信がおありなのはうなずけます。でも、あなたが接触した中国人というのは、ほとんど商売関係の人じゃありませんか？　場所も開港場に限られています。

開港場の中国商人は不利な条件（外国人はさまざまな特権をもっていました）の下《もと》で、勤勉でなければ生きていけませんでした。体力、思考力を総動員して、やっと一人前になれたのです。容易なことではありません。つまり、ほんとうの商才のある者しか商人になれなかったのです。

開港場で一人前の商人になれなかった商人希望者は、どうなったでしょうか？　もっと小さな町で、細々と商売をしたり、商業以外のジャンルに鞍《くら》がえしたり、からだがもとでの車夫や苦力《クーリー》になったりします。あるいは田舎に帰って小作人、または小作に日当で雇《やと》われる渡り労務者になります。

もともと志を立て、商人になるべく開港場に出てくるのは、きわめて限られた人たちです。一つまみの人たちにすぎません。甘くみて、一万人のうち五百人あるかなしでしょう。そのうち、一人前になれるのが十分の一とすれば、たったの五十人です。

あなたは、かつて接触した中国人がほとんど例外なしに商売の天才だった、とおっしゃいましたが、真相は、商売の天才しかあなたの前にあらわれなかったのです。あなたの接した五十人の中国人のうしろに、商才に欠けた九千九百五十人の中国人がいるのを、どうか忘れないでください。その人たちは、あなた方に接触するチャンスにさえ恵まれませんでした。

手もとに正確な統計はありませんが、あなたが中国の開港場で活躍しておられたころ、全中国の人口のおそらく八十パーセントぐらいは農民だったと思います。

彼ら農民は商才などありません。テもなく地主に騙《だま》されつづけ、重税にあえいで、からだを粉にして働くよりほかに才覚がなかったのです。『ほとんど例外なしに』ソロバン勘定の下手な人たちでした。もし商才があれば、そんな割りの合わない境遇に、いつまでもとどまっていなかったでしょう。

中国人イコール商才の民。――この図式がいかに大きな誤解であるか、おわかりでしょう。

東南アジア各地で、華僑が商権を握っているのはよく知られた事実ですが、それも西はビルマどまりです。そこから先――インド、パキスタン本土はもちろんのことですが、中近東、アフリカにかけては、もう印僑（正しくはインドおよびパキスタン出身の商人）の縄張《なわば》りであります。さすがの華僑も太刀打ちできませんでした。

――インドさんの商売はきつい。油断もスキもあらへん。ぼやぼやしとったら、とことんまでイカれてしまうで。……

神戸で貿易商をしていたころ、私は日本のビジネスマンがそう言うのをきいて、ふしぎに思ったものです。私のところは、ほとんどインド系商社とは取引がありませんでした。

なぜふしぎに思ったかといえば、私は外国語学校でインド語を専攻して、そのときに習ったヴァルマさんというインド人の先生が、これはもうお釈迦《しゃか》さまか神さまのような人だったからです。

戦時中のことで、学生も自棄的になって、あまり勉強もしません。授業はサボるし、いたずらもしました。それでも私はヴァルマ先生が怒ったのを、いちども見たことがありません。学識ゆたかで、寛容と誠実と献身の権化《ごんげ》のような人でした。

私はインド人とは、ヴァルマ先生みたいな人ばかりだと思っていたのです。ですから、インド商人がこすっからいときいて、ふしぎに思ったのです。

といって、日本商人が眉《まゆ》をしかめる対象のインド商人が、インド人の代表というわけでもありません。

インドはカースト（階級）制度のきびしいところで、職業も世襲が原則です。何百年も商売ばかりやってきた家系に、商売人のなかの商売人といった人が出るのは、とうぜんでありましょう。でも、インドの商人階級の数も、インド全国の人口からみれば微々《びび》たるものです。

自分の接した相手だけによって、その国民を判断してはいけません。

日本人はかつてエコノミック・アニマルなどといわれて、大そう評判が悪かったのですが、これもまた夜討ち朝駆け的に働きつづける、一部の商社駐在員をみて、外国人がつけたニックネームでしょう。

「日本から中国を引くと何が残るか」――中国人歴史家の主張

香港《ホンコン》から来日した、中国人歴史学者がつぎのように言った。――

「日本のなかから、中国から来たものを差し引けば、なにが残るというのかね？　日本的なものを求める人は、まがりくねったこじつけでもするほかはない。亡くなった津田左右吉《つだそうきち》博士は、

――法隆寺《ほうりゅうじ》の建築、三月堂《さんがつどう》の仏像によって昔の日本人の情調をしのぶことは出来ない。それに対して我々の目につくものはただ冷《ひ》ややかな技巧である。でなければ考古学の材料である。だから少なくとも奈良朝頃までの芸術は六朝《りくちょう》から唐代にかけて行なはれた支那芸術の標本でありその模造であつて、我々の民族の芸術ではない。……（『文学に現はれたる我が国民思想の研究』）

といっとるが、さすがに碩学《せきがく》だね。あれをマイナスすれば、当時の日本にはなにも残ら

ないことになる。なにもないところから、いったいなにが生まれるのか？　日本という国は、要するにうまく中国のイミテーションをやって、うまいチャンスをとらえて、モデルをヨーロッパにチェンジしただけのことではないか。それと、チャンバラがむやみに強かった。日本にほかになにか取柄《とりえ》があるかね？」

お答えします。——

あなたはすくなくとも学者であります。こまかいご専門がなにかは存じませんが、歴史をやっておられるそうですね。歴史学者ともあろうあなたが、そのていどの認識では困るのです。もっとも日本については、中国では黄遵憲《こうじゅんけん》（一八四八—一九〇五）の『日本国志《にほんこくし》』（一八八七）と戴季陶《たいきとう》〈注〉の『日本論』（一九二八）ぐらいしかめぼしい専著はないのですから、しようがないかもしれませんね。

あなたのことばは、どうやら戴季陶の『日本論』の中の、つぎの一節に似ているように思います。

——もし日本の歴史文献から、中国、インド、欧米の文化をそっくり取り去ってしまったらどうなるか。裸にされた日本に残る固有の本質部分は、思うに南洋の蕃人《ばんじん》なみのものであろう。……

「文明とは、人類の公有物」——知日家、戴季陶の説

もっとも、右の文章は、日本人がつねに『日本的』の三字を脳裡《のうり》にきざみつけ、日本独特の文明ということを言いたがることにたいする、戴季陶一流の揶揄《やゆ》であります。それは前後の文脈からもわかります。彼は同著の別のところで、

——文明とは本来、人類の公有物。

と述べる一方、自尊心が民族の立脚点であることも認めています。

かつてイザヤ・ベンダサン（『日本人とユダヤ人』の著者）という人が、しきりに『日本教』などといって、日本人を感心させましたが、戴季陶だっていまから七十数年も前に、

——日本人の『日本狂』

に言及し、それをけっして否定してはいません。ただ『日本狂』はすでにその使命をはたし、これからは通用しなくなるだろうと指摘しています。

私はせめてあなたが、道ばたの石ころでも蹴《け》とばすように、無造作に言ってのけた、

——うまくイミテーションをやった。

――うまいチャンスをとらえてチェンジした。

――チャンバラが強かった。

といったテーマについて、もう一歩立ち入って考える姿勢がほしかったと思います。

いや、これは大先生にたいして、大そう失礼なことを申し上げました。……

戴季陶は日本婦人と恋愛し、そのあいだに子供まで出来ております（この子は有名な家へ養子に行きました）。そんなことで、彼にとっては、日本はけっしてアカの他国ではなかったのでしょう。


〈注〉戴季陶。一八八二―一九四九。本名は伝賢《でんけん》。ペンネームは天仇《てんきゅう》。四川《しせん》省生まれだが、本籍は浙江《せっこう》省。十六歳で日本に留学し、法政大学に学ぶ。孫文《そんぶん》の秘書であり、神戸における孫文の『大亜細亜主義』の講演のときも通訳を勤めた。宮崎滔天《みやざきとうてん》が彼の日本語を日本人よりも上手であるとほめたほどで、中国における有数の知日家であった。黄埔《こうほ》軍官学校（一九二四年、第一次国共合作で創設された学校で校長蔣介石《しょうかいせき》・政治主任周恩来《しゅうおんらい》）の教官、中山《ちゅうざん》大学校長、考試《こうし》院長を歴任し、戦時中は最高国防委員会常任委員であったが、仏教に熱中して政治的な活動はみられなかった。感情の起伏がはげしく数回の自殺未遂の経験があり、一九四九（昭和二十四）年の死も自殺説がある。

ベンダサンも（彼の経歴が自称どおりであるとすれば）日本育ちですから、日本に愛情をもっていたはずです。

あなたは日本とのつながりがなく、だからかんたんに蹴とばすことができたのにちがいありません。

愛情をもて、と押しつけるつもりは毛頭ありません。つながりがなければ、そうかんたんに愛情がもてるものではないのですから。

どうでしょうか、今晩あたり、先斗町《ぽんとちょう》へでもお供《とも》いたしましょうか？……何カ月かたてば、あなたの言い方が変わるかもしれませんね。

「何でも受け容《い》れてくれる日本人」――カトリック神父の比較論

フランス籍のカトリックの神父が、つぎのような感想をもらした。――

「わたしは、日本に来る前に、東南アジアの華僑社会で伝道に従事したことがあります。日本に転勤になってから、あのころとくらべて、やりやすいのか、やりにくいのか、自分でもわからなくなりました。やりやすい面を申しますと、日本の人はたいがい、すらすらとなんでも受け容れてくれるらしいことです。中国の人はそうじゃありませんでした。儒教と仏教と、それにご丁寧《ていねい》に道教までミックスした、あの奇妙な生活体系を、なかなか捨ててようとしてはくれません。その点、日本ではやりやすいのですが、なんだかあっけなさすぎるのです。あんまり抵抗なく受け容れてくれますので。……ほんとうに、自分の話したことが、相手の心の奥深いところまで届いたのだろうかと、ときどき首をかしげたくなります。中国人の場合は、容易に胸をひらいてくれませんが、いったん胸をひらくと、その底まで届いたという手ごたえをかんじたものですがね。……」

お答えします。――

学識ゆたかな神父さんのことですから、ユダヤ文明がギリシャ文明の攻勢を受けたときに、二つの抵抗の仕方を示したことはご存じでしょう。

一つはゼロット派の抵抗といって、自分の殻《から》にかたくとじこもり、自分の伝統を墨守《ぼくしゅ》することで、おのれの文明を守り抜こうとしたのでしたね。

もう一つは、ヘロディアン派の抵抗で、これは相手の武器を採用し、それでもって自分を守ろうとする方法でした。

大雑把《おおざっぱ》にいって、中国はゼロット党で、日本はヘロディアン党だったといえるでしょう。

なにしろ日本では、相手のものを借用するのに慣れ切っています。しょっちゅうのことでしたから。

中国では近代西欧に接したアヘン戦争（一八四〇～四二）以前に、『文明』としては、抵抗すべき優勢な、あるいは対等の相手がなかったのです。だから、どうしてもゼロット党にならざるをえませんでした。

したがって、日本人はすらすらとなんでも吸収し、中国人の場合は、それにためらいがあったのはとうぜんです。

ですけれど、これをもって一概《いちがい》に、中国は重厚、日本は浮薄《ふはく》、とは言い切れません。おなじように、中国は頑迷《がんめい》、日本は開明、とも断言できません。

それぞれの立場があるのです。

おなじように、仏教を採《と》り入れたのに、たとえば中国では僧侶《そうりょ》の禁酒はわりにきびしく守られているのに、日本では葷酒《くんしゅ》大手を振って山門にはいるのがふつうです。

外来文物の採用に慣れていますと、もとの形をちょっとねじ曲《ま》げるぐらいは平気です。慣れていないと、採用にあたって、どうしても融通をきかせられないものです。

心の底まで届いたと安心できるのは、そんな変形が加えられていないせいもあるでしょう。ストンと、一ばん底までまっすぐなんですから。

マルクス主義の中国的な変容

そばで聞いていた、日本人のカトリック信者の学生が、メモを取りながら、質問をはさんだ。——

「中国人は外来のものを受け容れるのに慣れず、日本人にくらべて、原形を変容させる程度がすくなかったとおっしゃいましたね。僧侶の飲酒の件は、その一例だということもうけたまわりました。

でも、中国でも太平天国《たいへいてんごく》（一八五一年建国・一八六四年崩壊）のとき、洪秀全《こうしゅうぜん》（一八一四—一八六四）はキリスト教を標榜《ひょうぼう》しましたが、あれはもとのキリスト教を相当に変えているじゃありませんか？

ぼくは政治問題について勉強が足りないので、これはただのかんじにすぎませんが、現代の中国の指導者たちのいうマルキシズムは、はたしてもとのマルキシズムでしょうか？変形しているような気がしてならないのです。本家のソ連のそれを、修正主義などと言っていますが、どうもぼくは太平天国のキリスト教と、文化大革命のマルキシズムが、双生児《ふたご》のように似ていると思えるのです。いかがでしょうか？」

お答えします。——

採り入れるというのは、役に立つからであります。水は渇《かつ》をいやすものであって、それがH_2Oであることは、水を飲む人にとってはどうでもよいのです。

太平天国のキリスト教は、それが旧《ふる》い礼教体制（その重圧で息がつけない人たちが無数にいる）をくつがえす指導原理になると期待されたので、洪秀全たちによって採り入れられたのです。

太平天国は〝反儒運動〟の第一波

中国人を分類すると、官僚とそうでないただの人の二種になる、といわれています。もちろん、『官僚』の中には、官僚を供給する母体である資産階級も含まれています。いうまでもなく、国家は官僚組織そのもので、その組織を守ってきたのが儒教のイデオロギーです。

太平天国の人たちが、孔子廟《こうしびょう》をぶっこわすことに最も熱心であった事情は、これによっておわかりでしょう。

重圧にあえぐ連中は、自分たちをひどい目にあわせた儒教体制をこわせる武器を、喉《のど》のかわいた人が水に手を出すのとおなじように、本能的にもとめたのです。

太平天国を鎮圧した曾国藩《そうこくはん》（一八一一―一八七二）は、討伐《とうばつ》の檄文《げきぶん》のなかに、忠君愛国を謳《うた》いませんでした。満洲（現・中国東北部）という異民族王朝に忠勤を尽《つく》せというのでは、説得力が弱いのです。彼は檄文のなかで、中華数千年の『礼教』が、太平天国の悪党どもによってみだされようとしている、と大いに叫び、訴えたのです。礼教体制を恨《うら》む人は多いのですが、それを維持したいと願っている陣営は力をもっています。権力、そして財力です。

太平天国は失敗しました。

けれど、旧い体制を打破したいという渇きは、けっしていやされていません。改良主義者たち――康有為《こうゆうい》や梁啓超《りょうけいちょう》といった連中は、くつがえすべきものは、『まちがった儒教』であるという、未練がましい姿勢で、独裁帝国の立憲化をめざしました。康有為に『新学《しんがく》偽経考《ぎけいこう》』や『孔子改制考《こうしかいせいこう》』といった著書があります。にせ儒教を排斥するといって人びとの不満を横にそらせ、そのすきに儒教の国教化をはかったものです。

五《ご》・四《し》運動は〝反儒運動〟の第二波

五・四運動は、太平天国のあとを受けた、第二波の反儒運動——反体制運動とみるべきでしょう。

——打倒孔家店（孔子商店を打倒せよ）！

が、そのおもなスローガンであったのは、とうぜんではありませんか。

この五・四運動のなかでも、胡適《こてき》（一八九一—一九六二）。口語による文学を提唱し『文学革命』の基礎をつくる。中華人民共和国成立直前にアメリカへ亡命、台湾で没した）などは横道にそれてしまいました。

——中国の思想は儒教ばかりではない。

として、儒教でない中国思想をみつけようと考えたものです。

打倒という一直線の道しかないのに、その道を行こうとしなかったのです。おそらく、『打倒』といった品のわるいことばを、胡適はきらったのでしょう。

魯迅《ろじん》（一八八一—一九三六）が『狂人日記』をかいたのは五・四運動の前年ですが、そ

のテーマは、

——礼教（儒教体制）は人を吃《くら》う。

ということにあったのです。

文化大革命は、『反実権派闘争』の形をとりましたが、実権派は官僚組織に住んでいたもので、官僚組織は儒教体制の遺産にほかなりません。

文化大革命は、どうやら太平天国、五・四運動につづく、第三波の反儒運動で、ここでカタをつけねばならないという、なにかせっぱ詰まった闘争のように思えます。

儒教体制を打倒することは、ふるい中国を捨て去ることです。捨てなければ、新しいものは生まれません。中国を救うのは、この方法しかなかったのです。

大切なのは打倒することですから、その武器は問うところではありません。太平天国のときの武器はキリスト教で、五・四運動のときはデモクラシーとサイエンスで、文化大革命のときのそれが、マルキシズムといえるでしょう。

あなたは、それがもとのものと変わっている、とおっしゃいましたが、『打倒』という目的により近づける意味では、あるいはそうなっているかもしれません。でも、さきに申したように、それは、『問うところではない』部類にはいります。

修正主義というのは、ややこしい表現ですが、武器が武器であることをやめる、つまり、刃を研《と》がずにいる状態を非難することばと取れば、わかりやすいでしょう。

ことのついでに、わかりやすいように、乱暴な比喩《ひゆ》を使ってみましょう。かりに『水』が外来のものとします。

中国人は水を採り入れるときは、もっぱらそれを飲むためです。見なれないものは、あまり受けつけないのですが、なにせ喉がかわいているので、これはもう仕方がありません。

キリスト教もマルキシズムも、反儒教という点ではけっしてねじ曲げられていません。それにくらべると、日本人はときには、コップにいれて眺めるだけのために、『水』を採用することがあります。優雅ですが、ねじ曲げたことにはかわりありません。

日本では儒教は育たなかった

おなじ学生がまた質問をした。——

「なんとなくわかったような気がします。でも、日本の場合はどうなんでしょうか？　儒教体制をくつがえすのに、太平天国、五・四運動、文化大革命といった、中国でやったすさまじい努力なしに、日本はそれをやってしまったのですか？　それとも、日本には打倒するに足るほどのそれがなかった——つまり、人びとを重圧する儒教など、はじめから存在しなかったのでしょうか？　どうもよくわかりませんが……」

お答えします。——

儒教は中国で生まれた思想の体系、もっと適切にいえば、生活規範の体系です。とうぜん理念にはちがいないのですが、中国にあっては、儒教は生活でもあったのです。生活の規範どころか、生活そのものといってよいでしょう。

それにくらべて、儒教は日本が輸入したものです。この国原産のものではありません。理念として採り入れられたもので、生活のすみずみまで、それが行き届いていたとはいい難《がた》いのです。

日本で儒教が普及したのは、各地で藩校が建てられた徳川中期以降だといわれています。普及といっても、程度の問題で、生活のなかにしみとおるところまではいっていません。

日本では採用されなかった『宦官《かんがん》』と『科挙《かきょ》』

中国において制度として大いに盛んにおこなわれて、しかも日本で用いられなかったのは、『宦官』と『科挙』の二つであります。

日本で宦官が採用されなかった理由については、いろんな説があります。

宦官という管理人を要するほどの大きなハレムをつくる権力が、日本で生まれなかったためだともいわれます。日本ではせいぜい、一族のなかの敏腕な年輩の婦人が、一人で取りしきっていけるていどの、こぢんまりした『大奥』だったというのです。

中国では北および西に、牧羊《ぼくよう》の種族がいて、動物を殺して処理するのがごくふつうのことで、動物を去勢するケースも多かったのです。いわば『メス慣れ』していたので、人間の去勢にもそれほど抵抗をかんじなかったのでしょう。宦官の多い西アジアなども事情は同じです。

日本では構成員のなかに、牧畜を専業とする分子がなく、動物のからだに刀を入れることに慣れず、それで宦官がうまれなかったのだともいいます。また去勢という、あまりにもなまなましい作法が、日本人のほどの良さをたっとぶ性格に合わなかった、ということも考えられます。

宦官のことは別として、なぜ日本で『科挙』が採用されなかったのでしょうか？　これは宦官とちがって、べつに血なまぐさいこともなく、むしろ詩文を課するというのは、優雅なことに属するはずなのに。——

おそらく日本では、科挙の採用によって、身分制度、世襲制度がみだされるのをおそれたからでしょう。

——それなら、百姓の子が、ご家老になるかもしれないじゃないか？

そう考えただけでも、おそろしかったのに相違ありません。

ともかく『科挙』の存否《そんぴ》は大問題です。

科挙の制度が日本に定着しなかったのは、儒者による官僚組織が成立しなかったことであります。

近世日本の官僚らしきものは武家であり、彼らは武術を第一としました。儒学も藩校などで教えたのですが、『武士のたしなみ』にすぎず、けっして表芸《おもてげい》ではありませんでした。武家時代の儒学は、教養にすぎず、中国のように政治のなかに血肉となって、生活の血管のなかに流れたのではありません。

日本にも儒官はいましたが、それは秘書や文書係にすぎなかったのです。儒官の出世は、新井白石《あらいはくせき》（一六五七―一七二五）が例外的にぬきんでたほか、あとは庶務、雑役に奔走するのが関の山でした。

何百年もおなじ土地で、代々《だいだい》役人を勤めていたのが日本の武家政治の常態でした。お国替えというのは、きわめて異例のことに属します。

そんなことは官僚制度ではありえないのです。中国ではむかしから、高級官僚は出身地で官に就《つ》くことを避けました。また一族の者がおなじ役所に勤めることも忌《い》みます。アヘン戦争当時の大詩人龔自珍《きょうじちん》（一七九二―一八四一）は、礼部《れいぶ》という役所で課長クラスの役人を勤めていましたが、叔父の龔子正《きょうしせい》が礼部の尚書《しょうしょ》（長官）に就任したので、彼はしきたりによって退官しています。ところが、日本では一族がおなじ殿様の下に、おなじ職域にあるというほうがふつうです。

つまり、日本には明治まで、官僚制度は存在しなかったのです。だから、科挙などは無用の長物でした。明治になって、官僚制度がうまれてから、やっと高等文官試験などという科挙が定着しはじめたのです。

官僚組織は中国にあっては政治の中枢で、人民の死活を握る権力の所在でした。そのバックボーンであったからこそ、中国人は儒教に決死の挑戦をしたわけです。

ところが、日本の場合のように、権力と切り離された儒教は、いっこうにおそろしくありません。それこそ張子《はりこ》の虎《とら》、飾りものです。

日本の近代化は、反儒運動を抜きに可能でありました。

日本には太平天国や五・四運動に似た運動は存在しませんでした。文化大革命らしきものも、おこりえないでしょう。それらの闘争がめざした敵が、日本には存在しないか、存在してもきわめて脆弱《ぜいじゃく》なものだったからにほかなりません。

なぜ日本の家屋には煙突がないか？

ある会合で、アメリカから来た中国人画家が言った。——

「日本に来て、列車の窓から農村の景色を見るたびに、なにかが欠けているという気がして仕方がなかったんですよ。だいぶたってから、やっと思いあたりましたね、その欠けているのが何であったかってことが。……あなた、なんだとお思いになります？　なんと、そいつは煙突でしたよ。アメリカやヨーロッパでは、田園風景といえば、どの家も大きな煙突をデンと構えているのがふつうです。日本の田舎には、そりゃよく見れば煙突はありますが、家の壁の隅《すみ》に、こっそりと取りつけているようなかんじなんですね。なにかそれが恥ずかしいものであるみたいに。……どうしてでしょうかね？」

お答えします。――

たしかにそうです。日本を旅行したスペインのある哲学者も、旅行記のなかでそれに似た印象を述べています。

日本では、人間の生活というものは、むきだしにすべきものではない、という考え方があるようです。暖《だん》を取ったり、炊事をしたりするのは、人間生活の一ばん根柢《こんてい》のものなんですが、日本人はそれをかくそうとします。だから、暖房や炊事のための煙突も、なるべく目立たないように、隅っこに取りつけるのでしょう。

ヨーロッパの農村風景に見られる、あの堂々たる煉瓦《れんが》造りの大煙突は、まるでその家のい、ぬしか、それともシンボルのようなものです。ここで人間が生活しているのだぞ、と大声で告げています。けっして恥ずべきことでも、かくすべきことでもないんですからね。

〝生活〟の痕跡《こんせき》を消す日本人の美意識

ところが、日本人は生活のなかに、美を織り込もうとします。そのために、むきだされたものにたいして、あさましい、あるいはまずい表現かもしれませんが、『動物的』というのに近い印象を持つようです。

茶の湯も生け花も、あるいは小笠原《おがさわら》流の礼儀作法も、すべて生活の芸術化であります。そのような美意識に裏づけられた作法によって、はじめて生活はほどの良さを獲得し、美しくなるのです。美化されない前の、なまの生活の痕跡は、なるべくそれをかくそうとします。

日本独特の畳の生活が、日本人のそのような美的生活に適しているんですね。フトンはたたんで押入《おしい》れにいれてしまえば、人間が寝たという痕跡は残りません。中国でも西欧でも、原則としてうごかせない寝台に寝ます。みんなが起きているときでも、その部屋に寝台があるのですから、『人間が寝る』という生活のにおいは消せません。椅子《いす》もそうです。人間がそこに坐《すわ》るという、むきだしの『動物的』動作のにおいが、もの言わぬ椅子からただよってきます。畳の部屋なら、ザブトンを押入れにつっこんでしまえば、動作の痕跡は拭《ぬぐ》い消されるのです。

日本人とその独特の美意識との関係は、残念ながら、短期の旅行ではとてもつかめないと思いますね。

日本の"無礼講《ぶれいこう》"が持つ意味

その場にいた、シンガポールから来た華僑バイヤーが口をはさんだ。――

「わたしは昨日も取引先の招待で料亭へ行ったんですが、ありゃ、いったいモノを食べるところのつもりですかね?……すくなくともわたしは、おちついて食べられなかったですよ。きれいなウツワに、ちょっぴり食べ物がはいっているだけで。……まあ、それはいいんですが、そこの雰囲気はまったくモノを食べるのにむいておりませんな。緊張の連続ですよ。清潔すぎるんでしょうかね、うっかりスープやお酒の一滴もこぼせませんや。日本人というのは、どうもくつろぐのが下手なんじゃないですか? 商売でもそうでして、ピーンと神経をはりつめているのが、こちらにも伝わってくるんです。あれでよく神経がこわれないものだと、他人《ひと》ごとながら心配にもなりますよ。いかがですか、そうお思いになりませんか?」

お答えします。――

日本人の緊張癖は、よく知られたことで、自分でもテンション民族などと、半ば自嘲《じちょう》、半ば自慢するように称しています。

もちろん、日本人でも緊張ずくめでは、神経がもちません。ですから、彼らは中国ではちょっと見られないバカ騒ぎを、たまにやるんです。それで埋合《うめあ》わせをするわけです。それを『無礼講』といいますが、これは中国語の語彙《ごい》には、ぴったり相当するのは見あたりません。説明的な翻訳をするほかはないでしょう。

つまり、この無礼講は日本にあって中国にないものの一つです。日中両国民の性格の差を、照らし出す一つのポイントであります。中国にこれがないのは、とくべつ無礼講など設けなくても、ふだんからくつろいでいるせいでしょう。日本では旧制高校にも、ストームといって、ただむやみに暴れまわる風習がありました。中国の学生寮にはあまりみられない光景ですね。

日本の料亭は、たしかに中国人にとっては苦手《にがて》ですよ。それは、ただ畳に坐り慣れていないからではなく、あなたもおっしゃったように、うっかり食べ物もこぼせない、そんなきびしい空気があるからです。そう、中国では招待されると、スープなどをちょっとこぼして、テーブルを適当に汚《よご》しておけば、腹いっぱいご馳走をいただいて満足しているシルシになるのでしたね。

動物的な行動は恥ずべきこと?

日本ではガツガツとものを食べることが、やはり動物的な行動と思われているようです。だから、あらたまった食事の席では、できるだけ『食べる』という動作を消すような舞台装置を考えていますね。

日本人は食事をしているところを、他人に見せたがりません。それとは反対に、中国人は他人に見えるところで、食事をしたがりますね。香港の裏道などを歩いていても、門のところで、一家の者がそろって食事をしているのを、よく見かけます。

――このごろ、うちは景気がいいんだ。ほら、豚肉もあればカシワもあるよ。

と見せびらかしているようですね。すくなくとも、食事はかくすべきものとは思っていませんよ。ゆめにも思っていませんよ。

さきほどの画家が言った。

「それでわかりました。長いあいだふしぎに思っていたんですが、動物的動作が恥ずべきことだとされているせいですな。あれですよ、あれ、日本人は道路を歩いていても遠慮していることです。わかりました。……歩くって動作が恥ずかしくて、それで車に道を譲《ゆず》ってしまうんですね。アメリカじゃ、歩行者が歩道に一歩足を踏み出せば、車はいくら信号が青でも、ぴたりととまりますすな。日本では歩行者のほうが、青でも車にむかって、

——すみませんね。

といわんばかりの態度で、小走りに歩いていますすな。どうしてなのか、よくわからなかったのですが、あなたの説明で納得できました。車に乗るってのは、歩く動作を美化したことなんですすな。茶の湯みたいに。……」

第二章

脣《くちびる》と歯——つきあいの歴史

——中国の古典から見た日本の歴史

1 どうでもよかった隣人

ただ一回の例外が"元寇《げんこう》"

——脣《くちびる》亡《ほろ》びて歯寒し。

脣がなくなれば、歯は防壁を失って寒い風にさらされる。

——輔車相依《ほしゃあいよ》る。

輔は頬骨《ほおぼね》のこと。車は下歯ぐきのこと。これはペアになっていて、片方を欠くわけにはいかない。一説では、輔とはクルマの両側をしめつける木というが、それでもやはり輔と車は不可分のセットという意味になる。

『脣歯輔車《しんしほしゃ》』とつづけて、利害関係のきわめて密接なものを形容することばになる。出典は『春秋左伝《しゅんじゅうさでん》』で、古来しばしば引用されてきた。

日本と中国との関係を、右のことばで形容した例もすくなくない。だが、はたして両国はほんとうに脣歯輔車なのか？

十九世紀中葉以前に、両国がそんな関係になったのは、たった一回、元寇のときだけではあるまいか。宋《そう》を滅ぼした蒙古《もうこ》勢は、日本侵攻にむかった。宋というクチビルが亡びて日本という歯は寒さにガタガタと鳴ったのである。

この状態が有史以来一回きりであったというのだから、あきらかに『例外』とみなすべきであろう。『脣歯輔車』は、近代以前の日中関係にかんするかぎり、たんなる伝説にすぎないことになる。

近代以前に中国を狙《ねら》った勢力は、塞外《さいがい》（万里の長城の北側）から南下するのを常《つね》とした。その背後に位置している日本は、中国にとって侵攻勢力にたいする防壁とはならない。役に立たなかったのである。

また中国を席巻《せっけん》した勢力は、その広大な国土の治安維持と経営とにエネルギーをつかいはたして、海を渡ってまで日本を襲《おそ》おうという気をおこさなかった。例外が蒙古の『元《げん》』であった。異常なエネルギーの異常な氾濫《はんらん》であって、むしろ天災というべきであろう。人力を主たるエネルギーとした時代には、中国大陸からの日本侵攻は、常識的にはありえないとみてよい。そんなヒマがあるなら、海南島《かいなんとう》や雲南《うんなん》（インドシナ半島の北に位置する高原地帯）でも開発するほうが、よほど実際的でもあったし、気がきいていた。

中国の東に位置する日本のさらにその東は、広漠たる太平洋であって、それを越えて来る勢力があるなどとは、ながいあいだ考えられもしなかった。つまり、日本が中国のためにクチビルとなる必要はなかったわけだ。

コロンブスのアメリカ発見は十五世紀の末であった。マジェランの世界周航は十六世紀の二〇年代のことである。しかし、帆船時代では、発見された航路が、ただちに強力な勢力の通過するルートにはならない。たかだか海賊や商業冒険家たちの活躍に、通路を提供しただけなのだ。

その航路が強力な軍事的侵略勢力をのせるのは、産業革命まで待たねばならなかった。

淡白な隣人同士から不幸な隣人関係へ

産業革命が新しいエネルギーを生み出すと、地球はぐっと狭くなり、中国大陸を呑《の》み込んだ勢力は、玄界灘《げんかいなだ》を軽く一《ひ》と跨《また》ぎできるようになった。また太平洋も、かならずしも天下太平の大洋ではなく、まがまがしい黒船の影が去来した。むこうの大陸からこの海を越えることも、それほど困難なことではなくなったのである。

ここで日中両国がはじめて『脣歯輔車』の関係となった。百数十年来のことにすぎない。

皮肉なことに、脣歯輔車の間柄《あいだがら》となってから両国の関係が悪化した。遺憾《いかん》なことであるが、この事実を認識することこそ、両国の問題を考える出発点でなければならない。

くり返していうが、百年あまりまえまでは、日本にとって中国は、先進の技術や、文物の供給源にすぎなかった。中国の影を、そんなに政治的に意識しないですんだ。そして中国にとって日本は、毒にも薬にもならないただの東海の島国であった。双方にとって、たがいに友好的であるのはもちろん望ましいが、かりに非友好的な関係であったとしても、現実にはべつに差支《さしつか》えなかったのである。

どうでもよかった隣人。――

といえば言いすぎかもしれないが、すくなくとも、おたがいに息苦しくなるほど相手を意識したケースは稀《ま》れであった。

幕末明治期から、この淡白な隣人同士が、どうでもよいというわけにはいかなくなったのである。

日本の文明は中国文明の〝水割り〟

日中両国の相互理解を、歴史的に検討してみれば、その度合が意外に薄いことに、われわれは一驚《いっきょう》する。

それもそのはずである。どうでもよかった隣人に、そんなに鋭《するど》い観察眼をむけるには及ばないのだから。

そのうえ、中国には伝統的に、『外のもの』にあまり興味をしめさないというクセがあった。

十九世紀半ばのアヘン戦争で、むりやり『開眼《かいげん》』されるまで、中国は原則として、外国というものの存在を認めなかった。

中華そのものが世界である。だから、外国という観念はどこへも割り込めない。おのれの文明、すなわち世界の文明なのだ。文明の中心から遠ざかれば遠ざかるほど、文明の内容が水っぽくなり、人びとは粗雑になり、野蛮になると信じたのである。属邦、朝貢国《ちょうこうこく》、そして文明の洗礼を受けていない蛮夷《ばんい》の国などが意識されるが、それを『外国』ということばで呼んでも、過去の中国人にはピンと来なかった。それらの土地に、かりに文明があるとしても、それは中華文明の稀薄《きはく》な段階のものと考え、『別種の文明』であるとはゆめにも思わない。

別種の文明なら興味をもつであろうが、おのれの文明の水割りのようなものを、ことさら研究する必要があるだろうか？　少数の好事家《こうずか》が、骨董屋《こっとうや》の店頭をのぞくように、奇異の眼をひょいとむけたことはあるだろうが。

明治のはじめ、清《しん》国公使館の書記官として来日した詩人黄遵憲《こうじゅんけん》は、その著『日本雑事詩《にほんざつじし》』のあとがきに、

――日本では中国にかんする書物はまことにおびただしい数にのぼるが、中国では日本のことを書いたものは質量ともにお話にならない。

と、大いに歎《なげ》いている。

たしかに日本側では、中国の文物を大いに摂取した。だが、それはあくまでも『文物』にすぎなかった。書かれたもの、創られたものは、どうしても理念的にならざるをえない。日本は明治開国まで、中国の『理念』を浴びるように受けたけれど、中国の『現実』には、ほとんど触れなかったといってよい。

中国から〝理念〟だけを学んだ日本人

江戸時代の日本人は、中国にたいして、すぐれた認識をもった面と、誤った認識をもった面とがあった。すぐれていたのは、現実に曇《くも》らされない理念をすなおに見たからである。誤っていたのは、理念のうしろにかくされた現実が見えなかったからである。

明治開国で、中国の現実は開放された。

それは、すさまじい現実であった。

明治以後の日本人には、そのすさまじい現実が、ほとんど理念を汚染し尽《つく》した中国しか、眼に映《うつ》らなくなったようだ。かなしむべきことだった。

むかしの中国人が日本を知ったのは、おもに旅行者とか九州の古代政権の使者といった人たちからきいてである。理念からも現実からも遠い、素朴な伝聞なのだ。

おなじみの『魏志倭人伝《ぎしわじんでん》』は、中国で最初に日本のことをしるした史書である。

魏は『三国志演義《さんごくしえんぎ》』の曹操《そうそう》の息子曹丕《そうひ》が西暦二二〇年に樹立した王朝で、四十年あまりの寿命で西晋《せいしん》に簒奪《さんだつ》された。『日本書紀』や『古事記』が献進されたのは、これより五百年ほどのちのことであるから、当時の日本はむろん歴史の記録はない。古墳文化と呼ばれる時代であったのだ。

この魏の景初《けいしょ》三年（二三九）に、倭《わ》の女王卑弥呼《ひみこ》が、大夫《たいふ》難升米《なしめ》を派遣して魏に朝貢したいともとめた。卑弥呼が君臨した邪馬台国《やまたいこく》については、九州説と近畿説があり、戦後はなばなしく論争がくりひろげられたのは周知のとおりである。

お互いの体温を感じるいとまもなく……

中国人の日本人観は、この『魏志倭人伝』が元祖であって、そののちの史書も、たいていこれに準拠して書かれた。それに日本人の性格として挙げられているのは、つぎのようなことであった。

——会合の席には、父子男女の別がない。
——人性酒を嗜《たしな》む。
——一夫多妻（または国に女子多し）。
——婦人淫《いん》ならず、嫉妬《しっと》せず。
——争いごと稀《ま》れ。
——盗賊すくなし。

史書に記載するのだから、月並《つきな》みなことは割愛されるはずである。とくに『三国志』の作者陳寿《ちんじゅ》などは、簡潔な文章によって著名な人物だった。したがって、右の日本人観は、際立《きわだ》ったポイントとみなければならない。中国と比較して目立つとか、あるいは蛮夷の国にしては……といった一種のショックが、筆をとらせたのであろう。

たとえば、『盗窃《とうせつ》せず』と記すとき、

――中国では盗みが多いのに！

という驚きか、あるいは、

――中国とおなじではないか！（蛮夷の国はもっと泥棒が多いはずなのに）

という驚きが、記録意欲をうごかしたのに相違ない。

いずれにしても、明治以前の両国は、文物や伝聞を通じてしかまじわっていない。膚《はだ》と膚を接して、たがいの体温をかんじるような接触の仕方をしたのは、きわめて稀れであった。

元寇は、出会いがしらにサッと白刃《はくじん》をまじえて、そのまま通りすぎたようなかんじだ。殺気は走ったであろうが、体温を伝え合ういとまはなかった。

明治以前においてたった一度だけ、日中両国はたがいに何万という数で、かなり長期にわたって、血や汗を相手にふりかけるような接触をした。――豊臣秀吉《とよとみひでよし》の朝鮮出兵、世にいう文禄《ぶんろく》、慶長《けいちょう》の役《えき》である。

日本の将兵は、中国の『文物』ではなく、はげしく呼吸をする中国の『人間』と、はじめて遭遇したのである。また遼東《りょうとう》の軍営からこの戦場に投じられた明《みん》軍の将兵の大部分は、『日本』という名詞を、はじめてきいたのにちがいない。

2　合図の扇《おうぎ》

日本で発見された〝幻の本〟『両朝平攘録《りょうちょうへいじょうろく》』

私の手もとに、いま『両朝平攘録』という本がある。諸葛元声《しょかつげんせい》の撰《せん》したもので、明《みん》の万暦丙午《ばんれきへいご》（一六〇六）刊行だが、むろん、そんな貴重な書物のオリジナルは、私などには入手できない。原刊をそのまま写真にとった、いわゆる『影印本《えいいんぼん》』である。内容は明代の軍事行動のことを記述したもので、その巻四が日本になっている。いうまでもなく豊臣秀吉の軍隊と朝鮮で戦った記録なのだ。

ところが、おかしなことに、巻四のところだけ、日本ふうの返り点や送り仮名がついている。それも道理で、リプリントに使った原刊本は、日本で入手したものである。長崎に来航した唐船がもたらしたのにちがいない。それを購入した日本の読書人が、日本に関係のある巻四だけ、返り点や送り仮名をつけながら読んだのであろう。

なぜ書き込みで汚れた本をリプリントの底本《ていほん》に使ったかといえば、理由はしごくかんたんで、ほかに原刊本がなかったからなのだ。『明史芸文志《みんしげいもんし》』にもちゃんと載《の》っている書物だが、本国ではすでにうしなわれている。

中国で出版された書物が、中国では亡佚《ぼういつ》してしまって、日本にのこされているというケースは、なにもこの『両朝平攘録』だけではない。

中国人はカタログマニア、日本人は保存の天才

乾隆《けんりゆう》年間に、中国でうしなわれて久しい皇侃《おうがん》の『論語義疏《ろんごぎそ》』が日本から伝わり、『四庫《しこ》全書《ぜんしょ》』に収録された。日本では根本武夷《ねもとぶい》が足利《あしかが》学校で発見し、刻刊したものである。

これは当時の中国文化界のビッグ・ニュースで、読書人を大いに興奮させた。公羊《くよう》学者(『春秋《しゆんじゆう》』を武器に、清《しん》朝を滅ぼすための革命思想を鼓吹したグループ)として、また詩人としても有名な龔自珍《きようじちん》(一七九二—一八四一)は、ほかにも亡佚した中国古書が、あるいは日本に存在するのではないかと期待して、貿易船に依頼状を托《たく》したことがあった。『定庵文集補編《ていあんもんじゆうほへん》』に収録されている『蕃舶《ばんぱく》に与えて日本に佚書《いつしよ》を求むる書』というのがそれである。

文面は、日本から佚書が伝わったよろこびを述べ、

——海東礼楽《れいがく》の邦《くに》、文献彬蔚《ひんうつ》（あきらか）天朝《てんちょう》上は文淵著録《ぶんえんちょろく》（朝廷の書庫である文淵閣の高官）から下は魁儒碩生《かいじゅせきせい》（無官の読書人）にいたるまで歓喜せざるは無し。翹首《ぎょうしゅ》東望すれば、雲物《うんぶつ》の新鮮なるを見る。……

と、賛辞を呈している。

龔自珍はこの信書のなかに、中国で亡佚した古書の題名と、亡佚した年代を付したリストを同封して、調査を依頼したのである。

亡佚した年代がどうしてわかるかといえば、中国では異常な熱意で『書目《しょもく》』がつくられてきたからである。歴史の正史の芸文志には、その時代に公刊された価値ある書籍名が、ほとんど網羅《もうら》されている。ちょっとした蔵書家は、自家蔵書のリストをかならずつくる。公私ともに、信じられないほど熱心にカタログ作製にいそしむのだ。そんなおびただしい公私のカタログを追跡調査すれば、ある書物がいつのころに消えたか、だいたいわかってくるのである。

前述の黄遵憲《こうじゅんけん》の『日本雑事詩』のなかでも、佚書《いっしょ》が日本に保存されていることにふれて、

論語の皇疏《おうそ》（皇侃《おうがん》の義疏《ぎそ》――皇侃にかぎってオウガンと読む）は久しく薪《まき》に代えられたれど
海神の呵護《かご》ありて尚《な》お新の如し

とうたっている。

古書にかぎらず、正倉院御物《しょうそういんぎょぶつ》が好例であるが、本家ではうしなわれているのに、それを伝えた日本で保存されている文物は多い。

これについては、またあとでふれるが、日本人が保存の天才であり、中国人がカタログ作製マニアであることだけは記憶していただきたい。

"寡《か》を以《もつ》て衆《しゅう》に勝つ"日本人の戦法

道草をくったので、はやく『両朝平攘録』に戻ろう。この書物のなかには、日本人の戦争のやり方についての記述がある。

中国人がとくに眼をみはったのは、日本人の伏兵《ふくへい》戦法、機動作戦の巧妙さであった。

――兵を用いるのに埋伏《まいふく》がうまい。しばしば我が軍（明軍）のうしろにまわって、両面から夾《はさ》み攻め、いつも寡を以て衆に勝った。

あるいは、

――戦う前に、三々五々《さんさんごご》かたまって分散し、一人が扇を揮《ふる》えば、伏兵は四方から起こる。これを蝴蝶陣《こちょうのじん》という。

といった記述がみえる。

扇は合図のためだから、夜戦でもよく眼につくように、おそらく白色のものを用いたのであろう。それをひらひらと動かすと、蝶が舞うのに似ていたので、『蝴蝶の陣』などという優雅な名前がつけられたのにちがいない。

これは倭寇《わこう》と呼ばれた日本人海賊部隊の戦法でもあった。

倭寇と戦った、明の胡宗憲《こそうけん》の『籌海図編《ちゅうかいずへん》』という本には、

――倭夷《わい》（日本人）は慣《いつ》も蝴蝶の陣を為《な》す。陣に臨《のぞ》むや扇を揮《ふる》うを以《もっ》て号（令）と為し、一人扇を揮えば、衆皆《み》な刀を舞わして起《た》ち、空にむかって揮霍《きかく》（勢いよくふりまわす）す。我が兵（明軍）は蒼皇《そうこう》として仰首《ぎょうしゅ》（おどろく）す。……

とある。

また釆九徳《さいきゅうとく》の『倭変事略《わへんじりゃく》』に、

――（倭寇に）二大王と称する者あり、年は二十余、戦う毎《たび》に輒《すなわ》ち扇を揮う。

とある。

扇に限らない。同書には、

――白旗を執《と》りて螺（法螺貝《ほらがい》）を吹き、隊を整《ととの》えて来たる。

という記述もみえる。

白旗は蝴蝶の陣の白扇《はくせん》とおなじく、合図のためのものであって、けっして降参のシルシではない。

余談になるが、白旗が降伏または軍使のシルシであることは、かつてはヨーロッパだけの風習だから、中国人がそれを知らないのはあたりまえであった。アヘン戦争のとき、広州近辺で白旗をかかげたイギリス軍使の船を清国の砲台が砲撃した事件がおこった。イギリスはこの事件をもって、

――中国人は野蛮である。

と非難したが、それは無理というものだ。

白旗の慣行はヨーロッパだけなのに、それをどこにでも通用すると思い込んだのは間違いといわねばならない。いまでも、別の形で、このような誤解があるのではないだろうか。

——このしきたりは、はたして相手に通じるのか？

ということを、われわれはつねに念頭におくべきであろう。

扇や旗は視覚に訴える号令だが、視界には限度があるので、遠く離れたところとの連絡には、法螺貝を用いたようだ。

“絶対服従の精神”の伝説は古い

——隊は三十人を過ぎず、毎隊相去《あい》ること一、二里、海螺を吹きて号（令）と為《な》し、相聞けば即《すなわ》ち合《がっ》して救援す。

という『倭変事略』の描写によっても、日本人部隊の活躍ぶりが眼に見えるようだ。

蝴蝶の陣のほかに、『長蛇《ちょうだ》の陣』という物騒《ぶっそう》な名の戦法もあった。

蛇のような長い隊列で行軍し、先頭が敵と遭遇した場合、後尾がすばやく迂回《うかい》して、敵の背後にまわって夾撃《きょうげき》する、といった戦法であるらしい。

日本の戦国時代の『車懸《くるまがか》りの戦陣』だとか『鶴翼《かくよく》の陣』というのも、同種の戦法であろう。

とにかく、日本人は号令一下《いっか》、整然とうごき、そのうごきもいたって敏速なのだ。一部

隊がまるで生き物のように、扇や旗や法螺貝の合図で、自由自在にうごいたが、これは訓練もさることながら、

――命令には絶対服従。

という精神がなければならない。

扇が右へ振られたのに、左へとび出してはならない。違反した個人の命が危ないだけではなく、それが団体ぜんぶの安危にかかわるのだ。

勝手なことは許されない。

おたがいに争っていては、統制のとれた行動は望めない。そこで、『争いごと稀れ』となる。『倭人伝』の原文には『諍訟《そうしょう》少』とあるから、訴訟《そしょう》を含めて、ゴタゴタがすくなかったということなのだ。

隣の戦友のポケットから何かをくすねるといったことも、いちじるしく統制をみだす行為である。盗賊がすくないのもとうぜんであろう。

すなわち、『魏志倭人伝』にみられる日本人の特長は、千三百年のちの秀吉朝鮮出兵のときもかわっていないし、それから四百年以上たった現代も、さしてかわっていないのである。

むろん中国の戦争理論も、大軍を掌握して、それを小部隊のように自由自在にうごかすことを理想とし、それには合図の旗や陣鼓が大切であることを強調している。

『孫子《そんし》』の『兵勢第五《へいせい》』にいわく。

――衆を闘《たたか》わすこと、寡《か》を闘わすが如《ごと》きは、形名是《けいめいこ》れなり。

注釈によれば、『形』とは旗のことであり『名』とは金鼓《きんこ》のことであるという。衆――大部隊を、寡――小部隊のように、軽妙に操《あやつ》るのは、旗や鼓《つづみ》によるとしているのだ。

それなのに、日本軍の蝴蝶の陣に眼をまるくしたのは、集団行動の変わり身の速さが、中国の軍隊の得意とするところではなかったことを物語る。

これではならじと、明の名将戚継光《せきけいこう》は『鴛鴦《えんおう》の陣』という戦法を編み出した。その名前の優雅さは日本の蝴蝶に匹敵するけれど、彼の著書『起効新書《きこうしんしょ》』によってうかがうと、練兵用の陣形にすぎなかったように思われる。荻生徂徠《おぎゅうそらい》（一六六六―一七二八。江戸中期の儒学者。『訳文筌蹄《やくぶんせんてい》』）がどうしたわけか、いやに感心して、この書を日本で翻刻《ほんこく》までしている。

兵部尚書《へいぶしょうしょ》（国防相）譚綸《たんりん》を追悼した戚継光の祭文《さいもん》のなかに、このような戦法で八十余戦を連勝したとある。結婚式の祝辞の『新郎は秀才、新婦は才媛』とおなじように、弔辞における故人の勲功も、すこし割引《わりび》くべきであろう。

このご自慢の『鴛鴦の陣』も、けっきょく日本人部隊の『蝴蝶の陣』や『長蛇の陣』に刺戟《しげき》されて生まれたのである。この種の統制のとれた集団作戦の巧拙《こうせつ》は、とりもなおさず、日本人と中国人の性格の差とみてよいであろう。これはまた『魏志倭人伝』において、中国人が日本からの情報で受けた『一種のショック』とも一致する。

3　旗のままに

民族的にも関係の深い日本と〝満洲〟

豊臣秀吉の朝鮮出兵は、制海権を握れなかったのだから、成功するわけはなかった。海は日本をめでたく守ってくれたが、相手に攻め込もうとするとき、これは障害となる。すくなくとも蒸気船の出現まではそうだった。

もし海というものがなければ、秀吉の軍団はもっと深く進撃し、鴨緑江《おうりよっこう》を越えて北京を脅《おびや》かすことも、じゅうぶん考えられる。下手をすると（日本側からすれば、『うまくいけば』というべきか）明《みん》国を征服するという、太閤《たいこう》の夢は実現できたかもしれない。

大明《だいみん》四百余州を切り取ることは、太閤の『誇大妄想』といわれている。たしかにアブノーマルだとはおもうが、いちがいに妄想と片づけるのもどうであろうか。

明国はその後、半世紀ほどで、満洲族に滅ぼされるのだが、当時の満洲族の人口は僅《わず》か数十万にすぎなかったと推定されている。同時代の日本の人口は、おそらく二千万ぐらいといわれている。ケタがちがう。満洲族にできたことが日本人にできないはずはない。ただ、太閤のときは、いささか時期が早すぎた。明の王朝が本格的に腐敗堕落したのはもうすこしあとのことである。満洲族はそのチャンスに恵まれたのだ。さらに陸つづきであったし、また漢民族と長いあいだ接触して対処の要領がわかっており、すぐれた指導者もいたので、枯葉を払うように席巻《せっけん》できたのである。

さきに合図の扇ということをいったが、合図をするという機能からいえば、扇は旗であってもよいわけだ。たとえば錦《にしき》のみ旗の下に馳《は》せ参じるというとき、旗の合図のままに従う、つまり絶対服従を誓うことを意味する。ここで、われわれは『旗本』という日本のサムライの近衛《このえ》兵団のことを、頭にうかべないわけにはいかない。

そしてこの『旗本』から、さらに飛躍して、満洲族の『八旗《はっき》』を連想しても、けっして不自然ではあるまい。満洲族は日本とおなじウラル・アルタイ語族に属している。縁がないとはいえない。戦後しきりに唱《とな》えられた『騎馬民族説』に従えば、日満両族の関係はますます濃いといわねばならない。

では、満洲八旗とはなにか?

漢族には本籍というものがある。江蘇《こうそ》省某県だとか、台湾省某市の出身だなどという。

ところが、遊牧の満洲人には籍とする定着地がない。彼らはそのかわりに、『旗』というものを、自分たちの籍にする。

旗とは軍団のことだ。男も女も、老人も子供も、みなどこかの旗に属した。無所属では荒野に取り残されて、死を待つしかない。『所属』することは、生きることなのだ。

はじめは、黄、紅、白、藍《あい》の四旗で、あとでそれに縁《ふち》どりをした四旗を加えて、八旗となった。黄旗は本陣である。藍旗が狩猟のさいはえものを、戦争のさいは敵を狩り出し、紅旗と白旗がそれを包囲して、黄旗ひるがえる本陣に追い込む。

ふだんの狩猟が、すなわち軍事訓練となったのである。原則的に遊牧生活をするのだから、家族もその軍団と行動をともにしなければならない。

会合、あるいは移動といった緊急のときに、いちいち男女の区別などやかましく言っておれない。また、子はつねに親の下座にいて、同列の席につけないといった作法も、このさい面倒であろう。

戦争では男はたえず消耗するし、氏族維持のために子孫を残さねばならない。だから、しぜんに一夫多妻制になる。といっても、集団生活で女に嫉妬《しっと》され、ヒステリーなどおこされてはたまらない。そんなことがないようにしつけられ、訓練されたのにちがいない。

私はなにも日本人と満洲族の類似を、でっちあげようとしているのではない。軍事的集団というものは、古今東西、だいたい右のような性格のものにならざるをえない。それが言いたかったのである。

辮髪《べんぱつ》と月代《さかやき》は同じものだ

満洲族の風俗で目立つのは、辮髪である。中国を征服すると、満洲王朝はこれを漢民族にもおしつけた。死刑をもって、強制したのである。頭を剃《そ》って、後頭部だけ髪をのばしそれを紐《ひも》のように編《あ》むのである。

頭を剃るのは、日本の月代もそうだ。兜《かぶと》をかぶると蒸《む》れるので、頭髪を剃ったといわれている。そうすると、頭を剃る風習があるのは、兜をしょっちゅうかぶっている軍事民族ということになる。北アジアの民族には『露頂《ろちよう》』といって、頭髪を剃る風習が多いが、彼らも勇敢な戦士として知られている。

日本のチョンマゲは、上にあげているが、それを垂《た》らして長くすれば、辮髪とかわらないではないか。

満洲という名詞が出たついでに、この言葉を地名として使えば、中国人に良い印象を与えないことを言い添えておきたい。

満洲――マンジュ。

これは種族の名称であって、その起源についてはいろんな説がある。

彼らはツングース系の女真族《じよしん》であって、すでに仏教の教化をうけ、とくに文珠菩薩《もんじゆぼさつ》崇拝が早くからおこなわれていた。その族長のなかには、文珠と名乗った者が多い。漢字で満住とか満珠とも書かれ、さらに満洲に統一されることになったという。

右が最も有力な説だが、なかには、

――中国人との戦いに敗れた彼らの酋長《しゆうちよう》が、追われて豚小屋に逃げ込んだ。中国兵はあたりを捜索したが、酋長は豚のうしろにかくれて見えない。兵隊たちは『満猪《マンツウ》』――豚でいっぱいだ、と叫んで立ち去った。この危機一髪の歴史を記念して、追跡した中国兵の叫んだ言葉を、おのれの種族の名称にした。

というのもある。

これは眉唾《まゆつば》もいいところだが、満洲族と豚とは、まんざら関係がなくもない。これについては、またあとで考察してみよう。

満洲王朝愛新覚羅《あいしんかくら》氏の発祥地は、長白山《ちようはくさん》といわれる。内藤湖南《ないとうこなん》は朝鮮咸鏡《かんきよう》北道会寧《ホエリヨン》であると考証したが、いずれにしても転々と移住したのにちがいない。さきにも述べたように、建国のときで満洲族は数十万（一説では十万）にすぎなかった。最近の統計では（二〇〇四年初め）、一千六十八万となっているが、清朝《しん》滅亡のころでも二百万に満たなかったであろう。しかも、禁旅《きんりよ》八旗、駐防《ちゆうぼう》八旗など満洲族の大部分が、いわゆる中国本土に移駐してしまった。

“満洲”という言葉に不快感を持つ中国人

日本人がふつう満洲と呼ぶ地方には、清朝始祖《しそ》ヌルハチのころから、漢民族が農耕に従事していた。その後、山東省《さんとう》から漢民族の移民が相ついで、いまでは人口一億七百万以上になった。このうち満洲族の人口は七百三十万といわれている。

『満洲』という名でその地方を呼ぶと、中国人にとっては、それがもともと種族の名であるために、

——満洲族の土地。

という響《ひび》きをもつ。

アフガン族の住む国がアフガニスタンであるように、住民の名称を地名に使うことはよ

くある。だが、満洲の地名は現状に合うとはいいがたい。圧倒的多数の住民が漢族であり、そこの蒙古族や朝鮮族でさえ、満洲族よりもずっと人口が多い。

歴史的にも、その地方は満洲族だけの土地ではなかった。明の時代に、そこに建州衛《けんしゆうえい》という軍事基地をおき、清の太祖《たいそ》がそれを満洲と改名した記録がある。もしどうしても満洲の地名が使いたければ、旧建州、すなわち瀋陽《しんよう》（奉天《ほうてん》）のあたりに限るべきであろう。

満洲族自身でさえ、いま日本人が『満洲』と呼ぶ土地を、そう呼ばなかった。奉天、黒《こく》竜江《りゆうこう》、吉林《きつりん》などと、個々の地名を呼ぶか、さもないときは、『東三省《とうさんしよう》』と総称した。

日本は満洲国というカイライ国家をつくったが、それに抗議する中国のデモのプラカードには、つねに
――東三省を収復せよ！

と書かれてあって、けっして『満洲』という名は使われなかった。

その後、奉天が遼東《りようとう》、遼西《りようせい》の二省に分かれ、そのほか松花江《しようかこう》、熱河《ねつか》などの新しい省もできたので、東三省とはいえない。いまは遼寧《りようねい》、吉林、黒竜江の三省となり、もっぱら『東北《とうほく》』という呼び方をしている。たとえてみれば、古くは日本の奥羽《おうう》地方を『エミシ』と呼ぶのが『満洲』に似ている。まして満洲族は圧迫されたエミシとちがって、いち

ど中国を占領した種族の名であるから、よけい不快な記憶につながっている。

よその国の内部の事情などに、いちいち気を使うことはない、こちらの慣用の名称を用いておればよい、という意見もあるだろう。しかし、満洲の名に結びつく不快の念は、日本のカイライ満洲国に由来する部分がかなり大きいことは考慮に入れるべきである。

第三章

〝面子《メンツ》〟と〝もののあわれ〟

――決定的なちがいは、日本に黄河《こうが》がなかったこと

1　猫も杓子《しやくし》も

中国人に衝撃を与えた〝祈戦死〟の幟《のぼり》

再び秀吉の朝鮮出兵に話を戻そう。

なにしろ明治以前には、両国の現実的な接触は、これしかないのだから、この戦争についてはとくに研究を要する。

秀吉の出兵のこと、事前にはもちろん極秘にされていた。なかでも明《みん》国と通商のある琉球から秘密が漏洩《ろうえい》しないように、しばらく入貢させなかったことが、『明史』に載っている。

だが、秀吉に朝鮮出兵の意図があることを最初に明国にしらせたのは、やはり琉球通いの明国商人陳申《ちんしん》という人物であった。

つづいて、薩摩《さつま》在留の許儀後《きよぎご》という明国人医師が、林均旺《りんきんおう》という同国人に密書を托して、福建《ふくけん》軍門に急報している。

許儀後はスパイではない。彼は広東《カントン》海上で倭寇《わこう》につかまって、薩摩に送られた。医師であったので、藩主島津《しまづ》家の侍医《じい》となったのである。診察を通じて、藩の首脳部と親しいので、秀吉の出陣要求の密命は、早くからキャッチすることができた。それをどうして故国に急報しようかと、彼は心を砕《くだ》いた。職業スパイではないから、そこのところはモタモタして、とうとう第一報を琉球経由の陳申に譲ったのである。

この医師許儀後は、『国に報ずる書』のなかに、日本の国情を述べているが、日本人の性格については、

——病終《びょうしゅう》を辱《はじ》とし、陣亡を栄《ほまれ》とす。

と、生命軽視、尚武の精神を特記している。

三百年後の明治時代に、日本に亡命した梁啓超《りょうけいちょう》(一八七三—一九二九)が、出征兵士を送る幟に、

——祈戦死

と書いてあるのをみて、ショックを受けたことが思いあわされる。

保守のカタマリのような羅振玉《らしんぎょく》(一八六六—一九四〇)が、『扶桑両月記《ふそうりょうげつき》』で、

——商船学校の航海実習で船が沈没し、学生が十数名行方不明となったが、それから受

験生が多くなった。

という事実に感動したのも、おなじたぐいである。

鉄砲伝来から百年で日本は銃弾の輸出国に

さて、許儀後は長年日本に滞在した人物なので、『魏志倭人伝《ぎしわじんでん》』のように伝聞を記したのではなく、自分の眼で見たところを、自分のことばで書いたのである。

――攻城にたくみで、鳥銃《ちようじゆう》の威力をもつ。

――水戦は拙劣。

――刑罰は刻剝《こくはく》（きびしい）。

――浮虚《ふきよ》にして実なく、大言壮語す。

といったことが列挙されている。

許儀後の本職は医者であるから、軍事にはずぶの素人《しろうと》である。したがって、右に述べた戦争についてのことは、よほどはっきりしたことでなければならない。すなわち、素人の眼にも、中国人にくらべて日本人の攻城上手なこと、鳥銃（鉄砲）隊の威力のあること、水戦の下手なことは、はっきりとわかったのである。

種子島《たねがしま》にポルトガル人が漂着して、鉄砲を伝えたのは、一五四三年のこととされている。

この年号をよくおぼえていただきたい。

日本で最初の鉄砲戦がおこなわれたのは長篠《ながしの》の戦《たたかい》(織田《おだ》・徳川《とくがわ》の連合軍と武田勝頼《たけだかつより》の合戦)で、これが一五七五年のことであった。すなわち、種子島の鉄砲伝来から三十二年後のことである。

そのわずか三年後の一五七八年には、ヤソ会士の書翰《しよかん》によれば、大坂本願寺《ほんがんじ》に鉄砲が八千挺《ちよう》もあったという。

鉄砲だけでは戦争はできない。鉄砲を撃《う》つ人間が要る。大坂本願寺だけで、そんな人間を一万人近くも集めることができたわけだ。このころの日本では、猫も杓子《しやくし》も鉄砲打ちを習ったのであろうか?

当時の外国商船は武装していたから、ポルトガル人がどこかにはじめて着いたといえば、鉄砲もまた同時にそこへ伝えられたということを意味する。種子島が、その最も良い例であろう。

ところで、ポルトガル船が、はじめて中国に着いたのは、一五一四年のことであった。

場所は広東省の屯門《トウンメン》である。ポルトガル人の種子島漂着に先立つこと二十九年なのだ。

秀吉の第一次朝鮮出兵は、文禄元年――一五九二年であった。

ポルトガル人の渡来、言いかえると、鉄砲伝来からかぞえて、
日本はちょうど四十九年目。

中国は七十八年目。

ということになる。

そして、日本の鉄砲隊の精強なことは、軍事の門外漢である許儀後の眼にもあきらかであったのだ。

明軍の鳥銃隊は、朝鮮の役後につくられた。

ついでにいえば、一六三五年ごろの日本の貿易品リストのなかに、銃弾一万一千六百九十六発というのがある。輸入ではなく、日本からの輸出なのだ。種子島から百年もたたぬうちに、日本は弾薬の輸出国になってしまった。武器ではないが、たばこも喫煙の風習が伝来してまもなく、輸出品目のなかにはいっている。

じつに速いものである。

この時代の、ものの進み具合の遅さを考慮にいれていただきたい。

また鉄砲の例にみるように、中国と比較すれば、日本のすばやさが、いっそうはっきりとわかるだろう。

“役に立つ”と分《わか》っても採用しない中国

朝鮮で日本の鉄砲にさんざん悩まされて、明国ではやっと鳥銃隊をつくったものの、その育成にはまるで力をいれていないようだ。

明の天啓《てんけい》年間というから、一六二〇年代、つまり朝鮮の役から三十年もたったころだが、満洲族が東北でしきりに軍事行動をおこすので、やっと明廷はマカオ在留のポルトガル人を召《め》して、本格的に将兵に鉄砲の技術を授《さず》けさせた。のんびりした話である。

日本はどんなものでも、『役に立つ』とわかれば、それを採り入れるのに敏速であり、かつ熱心だった。

明治以後の文明開化のスピードぶりは、けっして唐突なことではなく、『猫も杓子も』的な熱狂ぶりは、すでに先例があったのである。

中国人は『役に立つ』とわかっても、なかなかそれを採用しようとしなかった。

状況が違うではないか、という反論があるかもしれない。たまたま鉄砲が伝来したとき、日本は群雄割拠の、食うか食われるかという時代だったので、敵に勝つ道具はすぐさま大量に採用しなければならない。

それにくらべて、ポルトガル人が中国にあらわれたとき、明は比較的のどかな時代であった。皇帝は武宗正徳帝《ぶそうせいとくてい》で、自分で自分を威武大将軍総兵官《そうへいかん》に任命し、全国を旅行したり、ラマ教のあやしげな房中術《ぼうちゅうじゅつ》に凝《こ》り、政治は宦官《かんがん》の劉瑾《りゅうきん》にまかせきりであった。劉瑾に帝位をうかがう野心があるという訴えがあったとき、「じゃ、彼に天下をくれてやろう」と、本気でこの皇帝は言ったのである。それでも、明朝はなお百年以上つづいた。

こんな時代だから、鉄砲の採用など急がなかったのだとも考えられる。

だが、それなら清《しん》の西欧列強帝国主義の侵略時代はどうであったのか？

日本より先にアヘン戦争で苦汁《くじゅう》をなめているのに、中国は西洋の近代技術採用について、日本の後塵《こうじん》を拝《はい》してしまった。やはり、そこに民族的性格の差を認めないわけにはいかない。

2　胡服騎射《こふくきしや》

軍服ひとつ決めるのに王を手古《てこ》ずらす

硝煙《しようえん》のにおいのする、なまなましい近代の例はさておいて、もっとも古いところで、中国人の『新しいもの』を採用する実例を検討してみよう。そんなところに、中国的性格の原型がのぞいているにちがいないから。

時代は一挙に紀元前三〇〇年にさかのぼる。

中国の戦国時代である。

趙《ちよう》の武霊王《ぶれいおう》という、すぐれた王が、異族である胡《えびす》の服装を採用した例がある。

そのころ、オーソドックスな三人乗りの戦車による戦争方式が、歩兵戦、騎兵戦に変わっていたのである。

この新しい戦争方式のためには、そのころの『中華』の服装であるだぶだぶのワンピースよりも、帯鉤《たいこう》をもって締める胡人《こじん》のツーピースのほうが、騎馬にも歩行にも便利である。中華の国である趙では、このような胡人の服装を採用した。『胡服騎射』という機動部隊を編成したのである。

これは戦国も終わりのころで、秦《しん》の始《し》皇帝の天下統一のすこしまえである。武霊王が戦争の便利のために、

——吾《わ》れ胡服せんと欲す。

と言い出したとき、

——群臣皆《みな》服せず。

と、『史記』にしるされている。

司馬遷《しばせん》は『史記』のなかで、武霊王が重臣や公子成《こうしせい》など反対派を説得する経緯を、ながながと載せている。

公子成は夷狄《いてき》の服などを着るのに抵抗をかんじ、病気と称して定められた『胡服参朝《こふくさんちょう》』（胡服を着て王に拝謁すること）をサボタージュし、使者をつかわして、自分の意見をのべた。

——臣《しん》が聞きますには、中国は聡明で知恵のある人間の住むところ、財物の集まるところ、さらに聖賢の教えるところ、仁義の施《ほどこ》されるところ、詩書礼楽《ししょれいがく》の用いられるところ、

すぐれた才能の試《こころ》みられるところ——すなわち理想の国でありますのに、いま王はこれをすてて遠方の服を採用して、いにしえの教《おしえ》を変え、いにしえの道具を易《か》え、人の心に逆《さか》らい、学者に悖《もと》り、中国を離れようとなされています。ですから、臣は王が再考されんことを希望します。

この言上《ごんじょう》をきいて、武霊王はみずから公子成を見舞い、辛抱づよく説得をつづけた。

——郷《ごう》が異《こと》なれば用は変じ、事が異なれば礼も易《か》わる。……去就の変《へん》は、どんな知者も一律にすることができず、遠近の服は、聖賢も同じくすることができない。

武霊王は、そのほか胡服に反対する趙文《ちょうぶん》、趙吉などの重臣に、

——先王も俗をおなじくしなかった。

と説いた。

むかしの聖王も、時に随《したが》って法を制し、事によって礼を制し、法度制令《はっとせいれい》もおのおのその宜《よろ》しきにしたがい、衣服器械もおのおのその用に便利なようにしたのである。かつて天下のあるじであった夏《か》や殷《いん》は衰《おとろ》えて滅びたが、彼らはけっして礼を変えたのではない。ふるい礼をそのまま守っても、滅びるときには滅びる。古法にそむいたからといって、いけないわけはないのだ。——こんなふうに、理路をわけて説得している。

紀元前三〇〇年にしては、まさに合理的な考え方である。だが、私は武霊王の説得が理路整然としすぎているような気がしてならない。

いつもの〝簡潔さ〟を失った司馬遷の筆

司馬遷が『史記』を執筆したのは、この胡服騎射から百五十年後のことである。しかも、そのあいだに、秦漢の大変革があったことを考慮すべきであろう。

胡服騎射という事実にたいして、じっさいにその当時に生きた人たちの考え方と、それを記録した時代の人たちのそれとは、相違があるはずだ。

それはともかくとして、『史記』の『趙世家《ちょうせいか》』を読むと、私は司馬遷の筆が、胡服採用のくだりになると、いつもの簡潔さを、にわかに失っているように思えてならない。『吾《わ》れ胡服せんと欲す』からはじまって、『遂《つい》に胡服、騎射を招く』にいたるまで、じつに千三百七十五字をついやしている。

戦国で最もドラマティックな事件である呉越《ごえつ》死闘の最後の戦争について、司馬遷は『呉《ご》太伯世家《たいはくせいか》』においてはわずか八十九字、『越世家《えつせいか》』においても三百五字をついやすのみであった。

その短い文章のなかに、越王勾践《こうせん》が呉王夫差《ふさ》を赦《ゆる》そうとしたのに、夫差は「自分は老いた。死んで伍子胥《ごししょ》にあわせる顔がない」と言って自殺する悲劇が語られている。夫差はかつて越を破りながら、重臣伍子胥のすすめをきかずに勾践をゆるしたのだ。そうした重い因縁を背負った呉の滅亡をしるして、かくも簡潔である。

こんなふうに字数をかぞえるのは、つまらないかもしれない。呉の滅亡は、司馬遷のひきしまった筆づかいによって、むしろ長い余韻《よいん》をのこしている。

——天、越を以て呉に賜《たま》いしも取らざりき。いま、天、呉を以て越に賜う。越、其《そ》れ天に逆《さか》らうべけんや。

いちど助けてもらった呉王に同情しそうになる越王を、そう叱《しか》る名臣范蠡《はんれい》のことば。それでも使者に忍びずと言う越王のヒューマニズム。范蠡はかまわずに戦鼓《せんこ》を鳴らして兵を進め、降伏の使者を追い返す。泣いて去る呉の使者。越王はそれをあわれみ、やはり呉王の命を助け、舟山《しゅうざん》列島の百家《ひゃっか》の君にしてやろうと言いだす。しかし、呉王は謝《しゃ》して自殺する。

——すなわち、其の面《おもて》を蔽《おお》いて曰《いわ》く、『吾れ以て子胥《ししょ》に見《まみ》える面なし』と。

こんな史実に、よけいな言葉をはさまないほうが、呉国滅亡の悲劇を、より一層なまなましく浮き彫りにしているのである。

それにくらべて、胡服採用の説明のなんとながったらしいことか。なぜ『十九年春正月、武霊王、胡服騎射を招き、先王の怨《うら》みを報ぜんとす』と、一行で片づけなかったのか。たかが、ワンピースをツーピースに変えるだけのことではないか。

新しいものを採用するとき、中国人の用心深さと手続きの面倒さは、この史実の記述のスタイルによってもわかるだろう。

司馬遷の時代は、漢帝国が匈奴《きょうど》と死闘しており、儒教が正式に国教扱いにされていた。儒教の名分論《めいぶんろん》のほかに、戦争がうんだ敵愾心《てきがいしん》による華《か》・夷《い》の峻別《しゅんべつ》思想が高潮していたのにちがいない。おそらく、夷狄の風習を採ったことは、百五十年前のことであっても、一行で片づけては皆が納得できない風潮があったのにちがいない。

3　おなじ根《ね》

中国人の形式主義と説得主義は同根

この胡服騎射のいきさつは、いったい中国人の性格のなにを物語るのであろうか？

第一に『形式主義』である。

たかが服装を変えるだけのことに、仰々《ぎょうぎょう》しすぎる。

第二に『説得主義』とでもいうべきものである。

武霊王《ぶれいおう》は胡服が便利であると確信すれば、断乎《だんこ》として実施に踏み切ればよいのに、公子成《こうしせい》はじめ重臣たちに、理路をわけて諒解をもとめようとした。このころの王というのは、それほど実権がなかったわけではない。それでも、『狂奔《きょうほん》』といってよいほど、説得に心を砕いている。

形式主義と説得主義は、おなじ根から出たものなのだ。

その根はなにかといえば、『人間至上主義』にほかならない。

人間至上主義を別のことばで表現すれば、『無神論』ということになる。

中国人の無神論の淵源《えんげん》は、いろいろ考えられるだろうが、風土のおだやかさということが、大きなウエイトをもっていたのではあるまいか？　おだやかといっても、もちろん程度の問題で、中国よりも日本のほうが、まだもっとおだやかであろう。

宗教的民族、とくに一神教を奉じたセム族などは、おそらく太古から苛酷《かこく》な風土のなかで生活したのにちがいない。たとえば砂漠に囲まれたオアシスといったようなところである。周囲はまことに荒涼たるもので、砂嵐が吹けば人もラクダも埋まってしまう。人間の力ではどうにもならない。神にすがるという気もちが生まれてくるはずだ。

“黄河の治水《ちすい》”こそ聖人の資格

中国にも砂漠はあるが、ゴビだとかタクラマカンといった砂漠は、彼らの広大な生活圏の外にあったので、それを越える必要はあまりない。彼らの生活圏のなかで、最もおそろしいのは『水』であった。

黄河の水は、ゆたかな沃土《よくど》をその流域にもたらしてくれるが、いったん水が暴れだすと、人家《じんか》や田畑を呑みこんでしまう。

だが、この荒れ狂う黄河も、人間の力ではどうしようもなかったかといえば、砂漠のように処置なしというほどひどくはなかった。なんとかすれば、水の害は防げたのである。人海戦術というか、人民を動員して堤防を築き、水路を補修さえすれば、あるていど水はなだめることができた。

その自然が人間の力でどうにかなるものだったから、神様を頼らずに、人間の力を重んじるというふうになったのだろう。キリスト教のような神は、中国にはいない。中国では神のかわりに、聖人というものを崇拝する。聖人とはなにか？　古代の聖王堯《ぎょう》・舜《しゅん》たちが崇拝の対象であるが、彼らは人間であり、しかも、おもに『治水』に成功した人たちなのだ。

人間の力をもってすれば、どんなことでもできる。――この人間の力によせる信仰が、中国で人間至上主義をうんだ。

この根から形式主義がうまれる。

中国的無神論の帰結が〝面子《メンツ》〟

中国人は面子を重んじるといわれている。これは形式主義にほかならない。

もし神が存在する世界ならば、宗教的なモラルで、ものごとの表と裏とは、ぴったりとくっついている。いや、そこにはもう表も裏もない。神の摂理が充満してスキマがなくなってしまう。

中国では神がいないので、どこまでも人間がはいりこんでくる。人間は神のように、精神の接着剤の役をはたさない。生活のこまごました対人関係の便宜のためには、むしろスキマをつくって、いつでも通り抜けられるようにしておく傾向があった。

すべての事物には奥行《おくゆき》がある。それをきわめようとしてもキリがない。とすれば、その表面にあらわれたものをとらえていくより外に方法はない。宗教は精神の力によって、奥行を深く掬《すく》い取ろうとする。中国人はそのような宗教的な把握法を知らなかった。

『面子』ということばにあらわれた中国の形式主義は、中国的無神論の当然の帰結といわねばならない。

さて、おなじ根から出た『説得主義』はどうなのであろうか？

文化大革命は、一種の大規模な説得運動であった。とすれば、まことに中国らしいものといわねばならない。

――天の時は地の利に及ばない。地の利も人の和に及ばない。

という句が『孟子《もうし》』にある。

戦争をするにあたっては、どんなにチャンスにめぐまれても、また有利な地形を占めても、『人の和』にはかなわない。人びとが心をあわせると、どんなことでもできる。天や地よりも、すぐれた仕事をするのが人間であるという信念がうかがわれる。


——戦に和せざれば以て勝を決すべからず。

——有道《ゆうどう》の主は、まさに其の民を用いるや、先《ま》ず和して後《のち》に大事をなす。

『呉子《ごし》』


などと、『和』をしきりに強調するのは、人間を重んじ、その結合の力を重視したからである。説得主義の生まれる土壌なのだ。

ギリギリの線というものがある。それからはずれると、まったく別物《べつもの》じみてくる。

日本と中国の風土のおだやかさの程度の差が、それであろう。

人間の力は偉大だ。——そう感じるためには、砂漠のように人間の力が自然に負けてしまってはいけない。かといって、自然があまりにもおだやかすぎると、それに勝つ人間の力の値打ちがなくなる。

日本がそうである。

中国には、ときどき荒れ狂う大河がある。しかも、偉大な人間なら、全力を傾《かたむ》けてそれをコントロールできる。河と人間の格闘で、僅《わず》かの差で河が勝ったり、人間が勝ったりする。こんな接戦であるから、人間が勝つと劇的な効果をあげるのだ。

黄河はこの意味で、『人間至上主義』の母であり、『形式主義』や『説得主義』はその孫というべきであろうか。

このような『黄河』に恵まれなかった（?）ために、日本人の性格のなかには、人間の力を賛美する部分が、かなり大きく欠如しているようだ。河川の氾濫《はんらん》は、水位があがれば、ちょっと避難すればすんだ。台風も何時間かじっとしておれば過ぎ去ってしまう。日本のおだやかな自然をコントロールするには、英雄も聖人も要しないのである。

といって、日本人は人間の力のかわりに、神の崇拝に走ることもなかった。

神の偉大さにも懐疑的で、人間の偉大さも讃《たた》えない。そのかわりに、なにが要《い》るというのであろうか?　なにもなければ、生きていけないではないか。

日本的なるものとは、神的でもなく人間的でもないものの延長線上のある一点、もしくは任意の諸点に、横たわっているはずだ。

名づけ難《がた》いものである。だが、名前が要るのであれば、なんとかしなければならない。

――もののあわれ。
――わび。さび。
とでもいおうか。
それは人間的でも神的でもない。

4　この差

日本の文学の根〝もののあわれ〟

『もののあわれ』とはなにか？

それが日本文学の根であると指摘した本居宣長《もとおりのりなが》の解説をきこう。――

――見るもの、聞くもの、ふるる事に、心の感じて出る、嘆息の声。

『源氏物語玉《げんじものがたりたま》の小櫛《おぐし》』

これが『もののあわれ』の正体だという。

『嘆息』――これは前後の断絶しうるものである。いや、『しうる』ではなく、そうあるのが本来の嘆息のすがたなのだ。

あるいは余韻がのこって、後のほうを切りすてるのは、いささか困難なこともあるだろう。だが、すくなくとも、前とはシャープに切断されるのがほんとうの形である。

たとえば、ここに一人の商人がいて、手形の期日を心配しながら歩いているとする。ふ

と彼が上を見ると、塀越《へいご》しに梅が枝をさしのべており、その枝にふくらみかけた蕾《つぼみ》がついていた。──

「ああ……」

と、その人が嘆息する。これがもののあわれなのだ。

その瞬間、手形の期日のことなどは、彼の念頭から消えているはずである。彼が再び歩きだして手形の心配をはじめるとき、梅の蕾に対したあの嘆息、もののあわれは、消え去るか、あるいはかすかに揺曳《ようえい》するていどであろう。

嘆息にもいろんなスタイルがあるだろうが、唐突に出てくるのが本来のすがたである。そばにいる人々にその声はきこえるかも知れないが、嘆息は他人にきかせるために出したのではない。無意識に口からもれ、自分の心のなかの澪《みお》に落ちこんで消え去る。自己完結のもので、他人とはかかわり合いがない。

中国文学の根は〝人間への信頼〟

中国の文芸の根はどこにあるのか？

人間への訴え、人間にたいする説得、そして最後に人間への信頼である。はじめから終わりまで、『人間』につながる。日本文学の水源は『万葉集』であるように、中国文学のそれは『詩経《しきよう》』である。この『詩経』は、古代のフォークソングのアンソロジー（詞華《しか》集《しゆう》）のようなもので、西周《せいしゆう》時代から東周《とうしゆう》にかけて、すなわち、紀元前一一〇〇年から紀元前六〇〇年にかけて、中国各地の民謡をあつめ、孔子《こうし》がそのなかから約三百篇をセレクトしたものだ。ちょうど、ギリシャでホメロスの叙事詩が成長しつつあった時期にあたる。

この『詩経』の国風《こくふう》（諸国民謡）の注をつくった吉川幸次郎《よしかわこうじろう》氏は、国風百六十篇のほとんど全部が誰かにむかっての呼びかけである、ときわめて明快に述べておられる。立派な君主をたたえる、あるいは暴君をそしる、あるいは恋人に呼びかける。……いろんなタイプはあるが、すべて人間への呼びかけであって、直接、神へ呼びかけて訴えるといったものは見当たらない。

——彼《か》の蒼《あお》き者は天

ということばが出てくる詩があるが、それも天に呼びかける形式ではない。自分はいま不幸であるが、これは天のせい、運命のせいである、といって誰かほかの人間に訴えているらしいのだ。

太古の時代から、中国人は運命や天などに泣きごとをならべてもはじまらない。訴えるべき相手はあくまでも人間――黄河の氾濫を食いとめるような、そんな偉い人間でなければならないと考えていた。なま身の人間に訴えるからには、どんなに相手が偉い聖人であっても、条理を尽して、かくかくしかじかであると、説明しなければならない。神様よりも手数がかかる。問題が複雑になればなるほど、訴えや説明は丹念に、時間をかけてしなければならない。

日本人をうごかす『もののあわれ』は、さきにも述べたように、瞬間性のものだ。それは突如として、心の深奥《しんおう》に達する。嘆息は考えるひまもなく出てくるものなのだ。前とも後とも脈絡はない。

中国の沿海を荒らした倭寇《わこう》、朝鮮に攻め込んだ秀吉の軍勢が、胡蝶の陣の扇のままに、すばやくうごいたのは、『嘆息』的反応と考えてよい。

中国人の場合は、白扇が右を指しても、皆がそれに従うとはかぎらない。なぜ右へ行かねばならないのか、よく説明をきき、納得してからはじめてそうするだろう。

かりに中国が日本的性格をもっていたとすれば、『満洲事変』がおこった時点、すなわち昭和六年に日本との本格的な戦争にはいっていたであろう。昭和十二年の蘆溝橋《ろこうきょう》まで六年の中休《なかやす》みのような歳月があったのは、そのあいだに、『戦争への説得』がおこなわれたからだ。具体的にいえば、第二次国共合作である。

“気心の知れた身内”——これが島国日本

私が住んでいる神戸の高台からは、淡路島《あわじしま》がよく見える。須磨《すま》あたりでは海が汚れてきたので、夏になると淡路へ泳ぎに出かけることが多くなった。

この淡路は神話の島なのだ。イザナギ・イザナミの二柱の神が、最初に生んだのがこの島だといわれている。

ところが、じっさいには、いつ来てもこの島には神話臭というべきものがない。あるとき、私はふと、この島を神話と結びつける要素が、たった一つあったことを思いついた。

その島の大きさだ。

太古の時代、海はなんといっても、外敵を防ぐ天然の防壁である。島に拠《よ》れば、支配権はまず安泰だった。大船団の侵略軍はまずありえない時代なのだから。

ただし、あまり小さな島なら、住民の生活が問題になってくる。適当な広さがほしい。

とすれば、淡路島などは、国家の原型が形成されるのに、最もふさわしいスケールではないだろうか？

小豆島《しょうどしま》へ行ったとき、私は人間の背よりもだいぶ低い、いかにも古めかしい石垣が、あちこちにのこっているのを見た。何のためにそれがつくられたのか、何時《いつ》ごろに構築されたのか、島の古老でさえ知らない。海賊を防ぐためではないかという説もあるそうだ。それはともかくとして、小豆島も淡路とおなじように、古代のちょっとした政権が誕生しそうな土地である。

淡路島や小豆島に『国』ができたとすれば、それはきっとこぢんまりしたものであるはずだ。支配地のスケールが小さくて、しかも外部からの人間の流入がほとんどないという場合、その小天地ぜんたいが、いわゆる『気心の知れた身内』ということになってしまう。島の長老が片眼をとじて合図をしただけで、島民は彼が何を要求しているのか、そこまで察してしまう。そうなれば、説得などは必要ないのである。

身内のなかに反対者や異分子があれば、板のようなものに乗せて、海外（？）に追放したであろう。未熟児のゆえに海に放流された蛭子《ひるこ》の伝説などが思い合わされる。

淡路島や小豆島の政権が、いささか膨張した形が大和《やまと》朝廷ではなかろうか？

日本を島国としてとらえ、『島国根性』などという表現を使う場合、淡路島ぐらいを念頭に置いたほうがわかりよいだろう。

“以心伝心”より“説得”を重視した中国人

陸つづきの中国には、支配地を安心して托すべき海がない。いつも外敵に眼を光らせていなければならず、異分子の流入も避けがたい。島なら土地は限定されているが、大陸の場合は、好むと好まざるとにかかわらず、一つの政権の支配地は、ときには拡大し、ときには縮小する。

拡大すれば、そこには新しい条件が生み出され、異分子を抱え込まざるをえない。それをまとめようとするには、眼くばせ一つで事足《ことた》りるというわけにはいかないのである。どうしてもゆるがせにできないのは、説得の努力なのだ。

川端康成《かわばたやすなり》がかつてハワイ大学で、日本のこころとして、しきりに『以心伝心』のことを説いた。

この言葉そのものは、中国の宋《そう》代の僧道原《どうげん》の編した『景徳伝灯録《けいとくでんとうろく》』から出ているが、説得を抜くところは、まちがいなく日本の性格である。

日本はもともと、気心の知れた連中ばかりが集まって、号令一下、自由自在にうごけた、幸福な生い立ちをもつ国なのだ。

第四章

ことだま

――〝同文同種〟と思いこむことの危険

1　道しるべ

日本にとって中国は“打出《うちで》の小槌《こづち》”

前章では、日本の『以心伝心』と中国の『説得主義』について述べた。

以心伝心のなかには、とうぜん『説得』が含まれ、説得の方法のなかで、『以心伝心』は重要なウエイトをもつ。

ことばの厳密な範疇《はんちゅう》からいえば、両者は重なっているというべきであろう。――対人関係のコントロールにおいて、日本人はことばを用いることがすくなく、中国人はそれが多い。

と言い換えるべきかもしれない。

人間の社会に『対話』がないということはありえない。日本人がことばがすくないというのは、最も重要な対話の相手が、人間でなかったからであろう。

奇をてらうようにきこえるかもしれないが、たとえばこうである。――

——人生はどのようにして生きるべきか？

といった根本命題について、日本人はおたがいに討論できたであろうか？　そのような討論のチャンスは、最初から奪われていたのである。

文明のあけぼのの時期にズレがあった。

生きることについて、人間として疑問をかんじ、現実をみつめ、肩をならべて生きている人たちと、いろんな問題について討論した成果を、中国ではすでに数多くの古典として持っていた。

春秋戦国の諸子百家の思索時代、前漢後漢《ぜんかんごかん》の絢爛《けんらん》たる王朝時代を経《へ》て、魏晋《ぎしん》の分裂時代にいたるまで、そのたびにあらゆる記録をのこしてきた中国の隣で、日本はひっそりと存在していた。

魏晋のころになって、使節を頻繁《ひんぱん》に通じるようになったが、日本はまだ邪馬台国《やまたいこく》の時代である。文字はなく、伝承以外にものをのこす方法を知らなかった。

そこへ大量の中国の古典が流入したのだ。

涙と汗、そして口角《こうかく》からふき出された多量の唾《つばき》とで獲得さるべき『結論』が、それを手に入れようとおもった瞬間、自分のすぐ前にあったのである。獲得への努力がほとんどゼロのうちに。

これでは、まるで打出の小槌ではないか。

——人間の生きる道は？

そんな疑問が出たとたんに、

——子《し》の曰《のたまわ》く。……

が、コダマのように返ってくる。

儒《じゅ》にしろ、老荘《ろうそう》にしろ、あるいは墨《ぼく》、法《ほう》、名《めい》、陰陽《いんよう》の諸家、すべてそのグループ内部における、長いディスカッションのエキスを、古典のかたちにまとめあげたのだ。

記録された結論も大切であるが、それよりも重要なのは、記録されるにいたった過程であろう。

大陸から日本に伝わったのは、『結果』だけであって、『過程』はオミットされたのである。

いったい、これまでに日本が、ほんとうの意味で、どうしてよいかわからずに、深刻に悩んだことがあっただろうか？　歴史のどのような転換期に遭遇しても、日本人は心のどこかで、

——大丈夫だ。なにごとがおこっても、そのとき図書寮《ずしょりょう》に駆けこんで、急いで調べてみればよいのだから。

と、楽観していたのではあるまいか。

図書寮で該当する書物をさがし出して、それとの対話がはじまる。

対話の相手が人間ではなかったとは、このことである。相手は書物であり、過程抜きの結論であり、すなわち理念であった。

〝遁世《とんせい》〟さえパターン化した日本

日本は長いあいだ、大陸中国という大樹の蔭《かげ》にいた。その大樹の葉がすっかり払いおとされたあとも、西欧という新しい大樹が、すぐに緑濃い枝を、日本のうえにさしのべたのである。たぐい稀《ま》れなほど、祝福された国ではないだろうか。

だが、もちろん良いことばかりがあるわけではない。

私はかつて中国の隠者《いんじゃ》というテーマで、エッセイを書いたことがある。

隠者——世捨て人の元祖は、おそらく伯夷《はくい》・叔斉《しゅくせい》（殷《いん》末・周《しゅう》初期の伝説的兄弟の聖人）であろう。屈原《くつげん》（中国戦国時代の政治家で悲劇の詩人。生没年不詳）は世を捨てたというよりは、反対に追放されたほうだが、くだっては陶淵明《とうえんめい》（三六五—四二七。東晋《とうしん》・宋代の詩人。郷里に退居し、農耕生活を営《いとな》み、貧《ひん》と病《やまい》に苦しみながら死んだ）あり、寒山《かんざん》・拾得《じっとく》（唐代の二人の僧とされているが、実在したか伝説の人かは不明）へと隠者の系譜はつづく。

日本の隠者と比較して、すぐにわかるのは、伯夷・叔斉のように首陽山《しゆようざん》に餓死したり、屈原のように汨羅《べきら》（湖南《こなん》省を流れる川）に投身自殺するといったはげしさが、日本の隠者に欠けていることである。迫力がないのだ。

西行《さいぎよう》（一一一八—一一九〇。平安末期の僧。二十三歳で出家、旅に死んだ。歌集に『山家《さんか》集《しゆう》』）にしても鴨長明《かものちようめい》（一一五五—一二一六。鎌倉時代の歌人。日野外山《ひのとやま》に庵《いおり》をむすび『方《ほう》丈記《じようき》』を書いた）にしても、あるいは吉田兼好《よしだけんこう》（一二八二？—一三五〇？。鎌倉南北朝時代の歌人。『徒然草《つれづれぐさ》』）でも、日本の世捨て人の前には、豊富なサンプルがあったのである。世を捨てようとおもったとき、陶淵明や寒山・拾得のことが、彼らの脳裡《のうり》をかすめなかっただろうか？

遁世にはこれこれのパターンがある、と眼のまえに陳列されたようなものだ。

——どれをえらぶか？

と、選択をせまられる。

陶淵明や寒山を知らないほうがよかったのである。なまじいろんなパターンをつきつけられるだけに、新しいパターンの創造が困難になってくる。世を捨てるのに独創性なんかどうでもよいことのようだが、やはり人間の生き方は、オリジナルなものが強烈である。西行をはじめ日本の隠者に迫力がない理由の一つは、中国隠者の長いリストが、すでに存在していたことであろう。

〝道しるべ〟を立てた民族と、それに従った民族

科学や技術のジャンルでは、すでに誰かが実験していたり、証明してくれていると、大そう便利である。だが、人間の生き方、そして芸術のジャンルなどでは、既成のパターンの多いことは、むしろマイナスなのだ。なぜなら、そうしたものは、なによりもオリジナリティが尊重されるからである。

図書寮で外国の先例を調べるということをくり返しているうちに、それが日本人の一つの姿勢になってしまったようだ。

明治維新のときにも、西欧文明にかんする書物を仕入れ、各国へ留学生を送り込んでおけば、なんとかやっていけた。

太平洋戦争敗戦のあとにも、デモクラシーだとか東洋のスイスだとか、拠《よ》るべきものに不足はしなかった。

——さて、どちらへ行こうか？

足をとめて、ちょっと考える。——そのていどですんだ。なぜなら、すぐそば、あるいは何歩か行ったところに、たいてい『道しるべ』が立っていたからである。

中国人は歩きながら、道しるべを立ててきた民族で、日本人は道しるべを頼りに歩いてきた民族であるといえる。

おまけに、中国の場合、雑多《ざった》な人間が、ぞろぞろといっしょに歩いていた。これまでたがいに顔をあわせたこともない者さえいるという、マンモス・パーティなのだ。

日本隊は人数がうんとすくない。そして、みんな親戚《しんせき》なみにつき合って、気心がよく知れている。

このような、二つの登山隊の性格を設定し、前述の『道しるべ』を立てるのと、そうでないという条件を加えてみれば、それぞれどんな登山になるか、想像がつくであろう。

中国隊は道しるべのないところを登るので、さんざん道に迷い、ときには振り出しに戻るといった、能率のわるい歩き方をしなければならない。

〝以心伝心〟とは過程のない理念

そのうえ、隊員たちはときには不満をもらし、もらすどころか、大声でがなり立てることもある。右へ行こうといえば左へ行きたがる者もいる。右すべきか左すべきかという分岐点では、とうぜんわいわいと論議がおこなわれる。このような論議、説得工作がすんでから、やっとうごきだす。

右へ行くことがきまって、そのとおりにすると、ときには断崖《だんがい》につきあたって、引き返さねばならぬこともある。そんなとき、リーダーおよびその同調者は、一部の隊員の怒りを買い、わるくすれば、リンチを受けかねない。

考えただけで、うんざりする登山隊ではないか。

それにくらべて、少数精鋭の日本隊は、すでに先人の踏みかためた道があり、それを辿《たど》って行けば迷うはずはない。どんどんと進むだけでよいのだ。

日本隊は途中で、右か左かで大論争をおこす必要もない。ていねいな道しるべが、あちこちに立っているからだ。

ことあげしないのである。いや、しなくてすむのだ。

すっきりしている。

性格もあっさりしてくるはずだ。

そのかわり、ねばりに欠ける。ねばらねばならない場面に、あまり出会っていないからだ。道が二つに分かれているところで、中国隊は人間同士の言い争いがおこる。日本隊はそこでは道しるべを見るだけですんだ。

精神の歴史においても、重大なポイントになると、日本人はかならず『道しるべ』と対話してきた。

その道しるべは、『結果』である。過程を抜きにして、とにかく要するに、ここからは左へ行かねばならぬのだ、と教える。

以心伝心とは、つまり過程を抜くことにほかならない。

そして、説得というのは、過程においてこそ必要なものなのだ。結果が出てしまえば、過程はとたんに影が薄くなる。

2　ちょっとぼかす

日本人の短気は日本語が原因

わたしはあなたが好きだ。
我愛你《ウオーアイニー》。
日中両国語で、右に愛の告白のことばをならべてみた。
それで気づくのは、日本語はおしまいまで、『とまれない』という事実である。
――わたしはあなたが。
ここでストップしてしまえば、ほとんど文章を成さないのである。
――我愛。
中国語の場合、これでも文章にはなっている。わたしは愛す、である。
主語―述語―目的語
中国語のこのならべ方は、ヨーロッパ語とおなじである。主語と述語を口にして、あとはしばらく休止をとることができる。

I love ～

誰を愛するのか、極端にいえば、その場でゆっくりと考えてから、you とか him とかつけ加えてもよい。

だが、日本語は、誰を愛するのか、はじめからきめてかからねば、ものが言えない構造になっている。

結果がはじめから要求される。

その言語構造の要求にこたえるかのように日本は歴史的に、『道しるべ』的なものによって、結果だけは容易に、迅速に与えられてきた。

日本人にとって、『結果』は大切なもので、それがなければ、ことばさえ使えない。

結果尊重

であり、その裏がえしは、

過程軽視

である。

さらに、結果をはやく知らねばならないので、民族的性格のなかに、『短気』が植えつけられた。

ところが、冒頭に戻るが、

――我愛你。

という中国語は、

――わたしはあなたを愛します。

――おれはおまえが好きだ。

――ぼくはきみを愛してる。

――わいはあんたが好きや。

といった、日本語ではそれぞれニュアンスのちがう、いろんな翻訳が可能である。

とすれば、『我愛你』ということばを耳にした人は、それがどれに相当するかを、考えねばならない。ふつうの会話では、とっさにそれをつかんで応対しなければならないが、文章の場合は、ゆっくりと吟味してもよい。

結果がわからなければしゃべれない日本語

ああでもない。こうでもあるまい。――と、いろいろ考えてみる。こうした作業は、中国人の考証好きとも関係がある。清《しん》代考証学の精緻《せいち》さは定評のあるところだが、この言語構造が、もともと中国人のなかにあった、『説得尊重』の性格とあいまって、議論好き、おしゃべり、という性格をつくりあげた。

話すまえに結果がわかっており、ニュアンスも吟味するまでもなく、ことばの表面にぜんぶ出ている日本語は、それを用いる人びとに、『問答無用』的なムードをつくらせる。人びとは議論を尊重せず、おしゃべりを軽蔑《けいべつ》するようになった。

中国人は議論しなければ生活できない。そのことを物語る例を、つぎに挙げてみることにする。

なじみのない漢文で恐縮だが、短いものだからご辛抱願いたい。

司馬遷《しばせん》が『史記』を書くにいたった動機を述べたことばに、父親の遺言《ゆいごん》としてつぎの文章がある。

——我為太史而弗論載。

読み下しにすれば、

——我、太史《たいし》と為《な》りて論載せず。

となる。

弗は不とおなじで、論載とは著述することである。

だから、右の一文の意味を考えると、司馬遷の父の司馬談《だん》は息子にむかって、

――私は太史という職についたにもかかわらず、歴史の著述ができなかった。……無念至極《しごく》であるから、私の遺志をついで、歴史を書いてほしい。

と言ったものと解釈できる。

ところが、面倒な問題がおこる。二千年も前のことだから、官制がよくわからない。『太史』という職名は、一説によれば、歴史を記述するのではなく、暦《こよみ》をつくって、春耕《しゅんこう》秋収《しゅうしゅう》の時をきめる役人だという。もしそうだとすれば、

――私は太史という職についたから、歴史の著述ができなかった。残念でたまらない。

……

と解釈しなければならない。

右の短い一文を正しく解釈するためには、『太史』とはどんな官職であったか、A書のどこにこういう記述があった、B書にはこう載っていたと、カンカンガクガクの論議を展開しなければならない。

『にもかかわらず』なのか『から』なのか、それによってニュアンスががらりと違ってく

るので、いい加減にできない。精密な考証がおこなわれ、ああでもない、こうでもないと口角泡をとばし合う。

日本語はあまりにも明晰《めいせき》すぎる

これが日本語であれば、ぜんぶはっきりとおもてに出てしまうので、それ以上論議の余地はない。日本語はかくされたところがすくない。すらすらとはこぶので、あとは『以心伝心』ですませても、それほど生活に差しつかえはなかった。あるいは、あまりにも明晰すぎるので、生活のスタイルのなかに、いくらかぼんやりしたものを挿入するように心掛けたのかもしれない。

もう一つ例を挙げよう。

こんどは、中国でも不磨《ふま》の大典《たいてん》とされてきた、孔子《こうし》の言行録『論語』である。その『里《り》仁篇《じんぺん》』につぎの章句がある。

——子曰、君子懐徳、小人懐土、君子懐刑、小人懐恵。

(子曰く、君子は徳《とく》を懐《おも》い、小人《しょうじん》は土《ど》を懐う。君子は刑《けい》を懐い、小人は恵《けい》を懐う)

一般に認められた解釈は、

――君子は道徳ばかりを心掛けるが、それに反して小人は土地（それに代表される財産）のことばかりを心配する。君子は刑、すなわち規則――きまった正しいルールを念頭において、それに従おうとするが、小人はルールにないお恵《めぐ》みをほしがる。

たとえば、なにかの会で、君子はちゃんと規則どおりに入場料を払うが、小人は顔パスで、無料ではいろうとする。『恵を懐う』とは、こんなケチなことをしたがることなのだ。

だから、右の章句は、よく修養のできたゼントルマンである君子と、修養のできていないけちな小人との対比を、言おうとしたものと解釈されてきた。

ところが、日本の荻生《おぎゅう》徂徠《そらい》は、

君子＝為政者

小人＝被治者

と解《かい》した。

そうすると、この文章の構成は、

――君子はAであるのに、小人はBである。

という対比ではなく、

――もし主がAであれば、人民はBとなる。

というふうに因果《いんが》の要素が含まれる。

徂徠の解釈はこうだ。――

――為政者が道徳を第一に心掛けて政治をすると、領民たちは安心して土地に定住して土地に愛着をもつようになる。もし為政者が刑罰を第一に考えるようになれば、被治者は刑をのがれるために、お情《なさ》けにすがるような卑屈な態度になる。……

通説と徂徠説は、だいぶ違うのである。しかも、どちらの解釈によっても、語法的に誤りがあるというわけではない。

作者の私見をいわせてもらうと、徂徠説のほうが卓見という気がする。

それはともかくとして、『君子』と『小人』の用法についての考証が、専門家のあいだで延々とつづけられる。そうした退屈な論議を必要とする問題点は、あきらかである。『であるのに』とか『であれば』といったような、日本語ならちゃんと表面に出てくることばが、中国語では底に沈んでいるからだ。それを表面にひきあげるために、みんなが大騒ぎをするわけである。

日本人の〝笑い〟と〝語尾の省略〟は同じ精神の姿勢

ことのついでに、もう一つ、もっとポピュラーな例をあげよう。

——曾子曰、吾日三省吾身、為人謀而不忠乎、与朋友交言而不信乎、伝不習乎。

(曾子《そうし》曰く、吾《われ》、日に三たび吾《わ》が身《み》を省《かえり》みる。人の為《ため》に謀《はか》りて忠《ちゅう》ならざるか、朋友《ほうゆう》と交わりて信《しん》ならざるか、習わざるを伝うるか)

『論語』でも右の章句は、開巻第一のチャプターの『学而篇《がくじへん》』のそれもはじめのほうにみえる。いくら三日坊主でも、『論語』を読もうとした人なら、このへんまではたいてい読むだろう。それだけに人びとによく親しまれている。日本でも『三省《さんせい》』ということばは、書店の名前に使われるほど有名だ。

ところが新しい註釈では、

——日に三つのことを、吾が身に省みる。

となっている。

三省は、『日に三回反省する』ともとれるし、『日に三つのことを反省する』とも解釈できるのである。

——他人に忠実であったか?

——友人に信であったか？

——自分でもわかりもしないことを、他人に教えなかったか？

という三つのことが、つぎにつづいているので、ことはややこしくなった。

三省。——このことばは、いかにも中国的である。たしかに簡潔で、ひきしまっている。

だが、『三』と『省』という二つの氷山のあいだに、『回』がかくされているのか、『事』がかくされているのか、うわべだけではわからない。

すなわち、またしても、議論、おしゃべり、説得、の操作を必要とするタネがまかれたのである。

日本語であれば、

——日に三たび、

——三つのこと、

と出さなければ文章を成さない。

ことばのうえで、かくされたものがないので、かえってものをかくす工夫がおこなわれるのではないか。

——へえ、さようで。

どうして、さようでございます、と最後まで言わないのか？

関西弁では、

——さようでおま。

と、打ち切ってしまうことがある。おます、というべきところを、たった一字だけ省略したのだ。

構造的に言語がはっきりしすぎているので、せめて語尾なりと濁《にご》すことで、息をついたと考えるのはどんなものだろうか？

笑うべきでないときにみせる日本人のスマイルは、外人からみて不可解なものとされている。だが、それはあんがい、語尾を濁したり省略したりするのと同じ精神の姿勢から出ているかもしれない。

3　同文同種に甘えるな

中国と日本は〝同文同種〟ではない

文化大革命はなやかなりしころ、北京駐在の外国人記者のなかで、日本人記者は大いに羨《うらやま》しがられた。ほうぼうに貼り出された大字報《だいじほう》（壁新聞）が読めたからである。同文同種というが、たしかに文字が読めるのはありがたいことだ。

だが、同じ文字を使うからといって、はじめから相手を『理解』したと思ってしまってはいけない。そう思い込みがちなところがあるので、かえって危険である。

その壁新聞の内容に、

――何某を焼き殺せ！

といったスローガンがあり、日本の新聞にも紹介される。もちろん、これはけっして誤訳ではない。

――品のよくない、どぎついことばだ。

という感想をよく耳にした。

革命が上品なものでないのはとうぜんである。しかし、私は前述のようなスローガンを日本の新聞で読むと、ニュアンスが原文よりも、ずいぶんエスカレートされているような気がしてならない。

日本と中国は『同文同種』の国といわれているが、むしろ『同字の国』と考えるにとどめるべきであろう。

ベトナムは国語をラテン文字化しているが、極端にいえば、おなじラテン文字を使う英語とベトナム語が、『同字の国』にすぎないように、日本語と中国語の関係を考えればよい。そのほうが安全である。

〝殺〟とは〝殺す〟ことではない

たしかに日中両国は漢字を用いる。ただし、文化の伝統や環境、国民性、風土のちがいなどによって、同じ一つの文字にたいして、両国民のもつイメージに、かなりのひらきが生じることもあるようだ。

もしそのひらきが、誰の眼にもはっきりみえるものであれば、かえって問題はすくないであろう。なぜなら、はじめからそう意識して、警戒するにちがいないから。

ところが、大本《おおもと》においては、だいたい同じ意味であり、その枝葉のあたりに、微妙なニュアンスの差があるだけだから、ことは面倒なのである。ふだんなら問題にならないので、誰もが見すごしてしまう。

たとえば、さきにあげた『殺す』ということばは、『命を奪う』という意味では、両国民のあいだに誤解のおこる気づかいはない。

――AがBを殺した。

という文章は、日中両国の人は、同じ澄明度《ちょうめいど》で、まちがいなくとらえるだろう。しかしこれが、

――何某を殺せ！

というスローガンになると、すこし事情がちがってくる。

『殺』の字は、中国では意味をつよめるための接尾辞としても用いられる。

おもに詩語であるが、愁《うれ》いの気持が異常につよいとき『愁殺《しゅうさつ》す』という。

白楽天《はくらくてん》（七七二―八四六。中唐期の詩人）に『李夫人《りふじん》』という長い詩があるが、そのなかに、

丹青《たんせい》写し出だすも竟《つい》に何の益かある
言わず笑わず、人《い》を愁殺す

という文句がある。

漢の武帝《ぶてい》（前一五九―前八七）が李夫人を亡くし、丹青の絵具でその肖像をえがかしたが、絵の人はものも言わず、笑いもしないで、ただ見る人の心を愁《うれ》いにとざしてしまうだけであった。――というのがその意味である。

おなじ白楽天の『竹枝詞《ちくしし》』に、

蛮児《ばんじ》、巴女《はじょ》、声を斉《そろ》えて唱《うた》い、
愁殺す、江南《こうなん》の病使君《しくん》

というのもある。

蛮地の男や、巴《は》（四川《しせん》省巴県）の女が声をそろえて唱うと、江南にいる病気の長官をいたく悲しませる、という意味である。

またまた白楽天である。

門外の過客《かかく》をして聞かしむる莫《なか》れ
掌《たなごころ》を撫《ぶ》し、頭《こうべ》を迴《めぐ》らして君を笑殺せん

という句が『杏為梁《きよういりよう》』という詩にある。

これは、通りすがりの人に、こんなことを聞かせてはならない。もし他人が聞いたら、手をうち、頭をふりたてて、大いに笑いこけるであろうから。——の意である。

これでもわかるように、『笑殺』は、笑いの程度の強烈なことを表現する用法だ。『罵《ま》殺す』ということばも、痛烈に相手をののしることであって、ののしって殺してしまうことではない。

命を奪うことは、最高に強烈な行為なので、このような使い方をされるようになったのであろう。だが、いったん語法として確立されると、それは運河となって、『——殺』ということばの大船隊を迎えいれた。

妒《と》殺、驚殺、酔殺……かぎりなくのどかなことでさえ、『閑殺』ということばで表現された。

わかりやすい表現なのだ。平明《へいめい》な詩をかいて、民衆の詩人といわれた白楽天がよく用いた。いま挙げた数例はみな彼の詩である。そんな表現を愛好することが、彼の民衆詩人である所以《ゆえん》でもあろう。

こんなに心やすく『殺』の字が使われると、その字の本来の意味がもつ、血なまぐさいにおいは、いくらか薄められざるをえない。免疫性をもつのだ。

なぜ日本語に〝殺〟の用字がすくないのか

日本語にはこのような用法はすくない。だから『殺』の字にこびりついた血のにおいは、薄められずにいる。

なぜ日本は、中国製の強調のための『——殺』という熟語を輸入するのに、それほど熱心ではなかったのであろうか？

いったい強調という手段は、議論や説得のさいの、有力な武器である。だが、あまり議論や説得の必要のなかった日本では、そんな武器にたいする需要はすくない。かつ、ほどのよさを重んじた日本だから、『殺』の字はあまり歓迎されなかったのだろう。

ふだん使うことばのなかでは、

忙殺、黙殺、悩殺、抹殺……

ぐらいで、ほかには思いあたらない。この数個のことばを口にするとき、日本人は『殺』のもつ血なまぐささをかんじるであろうか？　おそらく、『命を奪う』という本来の意味を、まるで意識せずに使っているにちがいない。『抹殺』は、ちょっとおだやかならぬかんじはあるが、『黙殺』ということばのなかでは、すでに『殺』の字が黙殺されているではないか。『悩殺』にいたっては、血のにおいどころか、ほのかに脂粉《しふん》のかおりが漂《ただよ》う。

とにかく、日本では三つ四つのことばにすぎない。中国ではそれに数倍する、血のにおいのない『殺』をつけたことばが存在する。

台湾の方言では、殺のかわりに、いともさりげなく『死』ということばを使う。

——笑わせるな。

は『笑死人』であり、

——ほんとにびっくりした。

は『驚死人』である。これらは日常会話で頻発されているのだ。

こんなふうに、水っぽい中国語の『殺』が、まだ濃度を保っている日本語の『殺』に、そのまま移されると、どうもぴったりしない。

誤訳ではないが、

——ちょっと待ってくれ。

と言いたくなる。

『鬼』ということばもそうだ。

日本では、鬼軍曹だとか鬼将軍などの用例のように、大そう強くて、みんなにおそれられる、という意味をもっている。

中国人は戦争中に日本の兵隊のことを、

――東洋鬼《トンヤンクエイ》
と呼んだ。

この東洋ということばも、日中両国ではズレがある。日本では東洋歴史、東洋文明といったふうに、『アジア』ということばに似た用法をする。ところが中国では、南の海にある土地が南洋で、東の海にある土地、つまり日本が東洋なのだ。

したがって、『東洋鬼』の東洋は、日本ということで、けっしてスケールの大きな呼び方ではない。中国人むけのパンフレットなどに、『東洋一』などと書いても、『日本一』としかおもってくれない。

この『東洋鬼』は、もともと蔑称《べっしょう》である。日本人が中国人のことをチャンコロと呼んだのに似ていた。チャンコロは、中国人《ツオンクオレン》または清国人《チンクオレン》という、あたりまえの呼び方が訛《なま》ったとおもわれるが、語感としては完全に蔑称になっている。

それにくらべて東洋鬼はいつのまにか蔑称になったのではなく、はじめから意識的に用いられた蔑称であった。

中国語の〝鬼才〟は特定の個人の呼称

日本人のなかには、鬼といわれて、日本人の武勇を中国人が認めてそう呼んだと思い、かえって得意になった人もいるだろう。鬼将軍、鬼コーチなどといわれても、当人はけっして怒りはしない。内心はかえってよろこんでいるかもしれない。

だが、中国語の『鬼』には、武勇をたたえる意味は含まれていない。

中国語の鬼は、幽霊のことであって、冥土《めいど》に属するもの、不吉なもの、という印象を人に与える。

日本語のなかに導入されて、そのニュアンスを辛《かろ》うじて保っているのは、『鬼火』ということばぐらいではないだろうか。

鬼才といえば、日本ではほとんど最上級のほめことばになるが、これは中国人にむかって言ってはならない。

もっとも、中国では鬼才ということばをつけて呼ばれるのは、詩人李賀《りが》（七九一―八一七。中唐期の詩人）だけにきまっているようだ。

引退した関白を太閤《たいこう》といい、史上に太閤は一人だけではないが、それが豊臣秀吉を指すのに限られていたり、黄門《こうもん》とは中納言《ちゅうなごん》のことだから、何人も黄門はいるはずなのに、じっさいには水戸光圀《みとみつくに》だけを指すのとおなじである。

鬼才の椅子には、とっくにあるじがいるので、もう別人は坐《すわ》れない。

詩聖は杜甫《とほ》（七一二―七七〇。盛唐期の詩人。中国短詩定型の完成者）、詩仙は李白《りはく》（七〇一―七六二。盛唐期の詩人。『李太白集《りたいはくしゅう》』）にきまっているように、鬼才は李賀なのだ。

では、鬼才とはなにか？

亡者のような不吉な才能、この世ならぬ幻怪《げんかい》をかもしだし、不健康でくずれやすい才能のもち主ということである。

　秋墳《しゅうふん》、鬼《き》は唱《うた》う鮑家《ほうか》の詩
　恨血《こんけつ》、千年、土中の碧《へき》
（秋の墓場のなかで私は幽霊となって、鮑照《ほうしょう》の『代挽歌《だいばんか》』を唱っている。恨みのこもった私の血は、千年ののちには、土のなかでエメラルドになるだろう）

あるいは――

漆炬《しつきょ》、新人を迎え
幽壙《ゆうこう》、蛍は擾々《じょうじょう》たり

（うるしのように光るたいまつで、亡者は花嫁を迎える。奥深い墓穴では、蛍がとびかよっている。……）


といったような、気味のわるい詩をつくる才能のこと。

痩《や》せ衰えて青ざめ、

長安《ちょうあん》に男児あり
二十《はたち》にして心已《すで》に朽《く》ちたり

と自らうたった李賀こそ鬼才なのだ。

日本の鬼才といわれる人たちは、もっとエネルギーに溢《あふ》れているようにみえる。とても李賀のように、二十七歳ではかなく死んだりしそうもない。

――鬼みたいなやつ。

ということばで日本人が連想するのは、脂《あぶら》ぎって岩乗《がんじょう》な下顎《したあご》をもち、なんでもバリバリ食ってしまいそうな、眼のギラギラした巨漢である。

中国人がおなじことばで連想するのは、ひょろひょろに痩せ、自分の薄い着物さえ、からだに重そうな足どりで、ふらふらしていて、いまにも消えてしまいそうな人間なのだ。

こんなとき、なまじおなじ文字を使うからいけないのだ、と痛感せざるをえない。


両国語のニュアンスについて理解を深めよう

東南アジアから華僑の来客があり、たまたまテレビで高校野球を放映しているとき、応援席が画面にうつると、私はとくに、

「これはA高の応援席ですよ」

と教えてやる。

でなければ、相手のB高の席とまちがえてしまうからである。

なぜなら、A高の応援席に立っている幟《のぼり》に、

——必勝A高！

と大書《たいしょ》してあるからだ。

これは、『かならずA高に勝ってやる！』という意味だから、どうしてもB高のスローガンでなければならない。

もちろん、幟にかいたのは、『かならず勝つわがA高』というほどの意味だが、中国人

はそう読まない。

有名な日本の提督《ていとく》の揮毫《きごう》した、

――見敵必滅《けんてきひつめつ》

という額《がく》を見て、中国人は首をかしげる。

(敵を見ると、かならず滅びる)

としか読めない。自分のほうが滅びてしまうのだから、これは負け戦《いくさ》ではないか。

むろん、これは、

――見敵必滅之。

(敵を見れば、かならず之を滅ぼす)

のつもりであろう。目的語の『之《これ》』、たった一字の差で、意味は逆転してしまう。幽霊と鬼のような場合は、練達の翻訳家の手によって、問題は解決できるであろう。そして、『必勝A高』や『見敵必滅』の場合は、むしろもっと安全である。敵方を声援する応援団はないし、必敗の信念を説く連合艦隊司令長官がいるはずはない。

まちがいが、はっきりしすぎている。

――ああ、日本式に書いたのだな。

と、初歩の常識ですぐにわかる。

それにくらべると、さきに例を挙げた『殺』のように、ある字のニュアンスの微差のほうがおそろしい。

僅《わず》かであっても、それによる誤解が積み重なる危険がある。誤解を誤解とおもわないのだから、どこまでふくれあがるかわからない。その膨張にも気づかない。

われわれ日中両国の隣人は、たがいに似た点をもとめるよりも、できるだけ相違点をさがして、それを拡大し、

――これでは相手について、なにも知らないではないか。

と認識したほうがよいのである。

字がおなじであるということで、なんとなく相手がわかる、という気になる。その、なんとなくが、ほんとうに頼りなく、ときには大きなマイナスになってしまう。

相手はわからない。――という白紙の状態から出発したい。もちろん、これは両国民に望みたいことなのだ。

ことばのニュアンスの差というものは、おなじ国のなかでも存在する。

たとえば、バカとアホウとは、おなじ罵《ののし》りのことばとしても、その受けとめられ方は、

関東と関西とでは違っていた。

関東では「馬鹿野郎！」は、会話のなかに、まるで合《あい》の手《て》のように、気軽に挿入され、どなられるほうもなれっこになって、べつに大したこととは思わない。そのかわりに、『阿呆《あほう》！』と叱られると、白痴《はくち》ときめつけられたような、きびしいものをかんじたようだ。

関西はその反対で、「アホなこと」というのは、ごくふつうの会話のなかでも、目立つほどの起伏をつくらないことばである。あまりにも水っぽくなったので、なんとか失地を回復しようと、あたまにドをつけて、

——ド阿呆！

としなければならなかったほどだ。そんなふうに、アホウといわれても、それほどかんじないが、『馬鹿野郎！』とどなられると、犬畜生と罵られたような気がして、カッとなる人もいた。

だが、現在では、両地でおたがいのことがわかって、バカもアホウも平均化された。相互理解の成果というべきであろう。関東者がアホウといわれても、テレビの上方物《かみがたもの》のシーンを思いうかべて、

——ああ、あのていどのものか。

と納得する。関西者が『バッキャロー！』と叱られても、それほどこたえない。こうなった功労者は、なんといっても、テレビ、ラジオ、マンガ、小説など、マスコミであろう。

さらには、転勤その他で、人間の交流がさかんにおこなわれ、レジャー・ブームで旅行者がふえたということも、相互理解を進める一助になったであろう。

日中両国の交流が必要だというのは、それによって相互理解が進み、誤解がしだいに消される希望があるからなのだ。

くり返すけれども、やはり、

――中国のことはわからない。

――日本のことはわからない。

というスタートラインにならんで、それから進めるべきことである。

第五章

〝血〟と〝文明〟

――日本文明の源《みなもと》は〝血統への信仰〟にある

1　尊血主義

日本人の〝心中《しんじゆう》〟は〝性〟を超えた生存意識

第一章のところで、戴季陶《たいきとう》の『日本論』にふれた。

それは半ばが日本政治家人物論になっている。この著が出版された昭和三年という時点において、中国では相手にすべき日本の政治家の分析が、切実に要求されていたからであろう。いわば、『実戦的日本論』である。戴季陶は、板垣退助《いたがきたいすけ》、桂太郎《かつらたろう》、秋山真之《あきやまさねゆき》、田中義一《たなかぎいち》の四人をおもに取りあげた。ほかの三人は問題ないとして、秋山真之をえらんだのは、いささかユニークといえるだろう。

そのほか戴《たい》の『日本論』で眼につく特長をあげると、

——情死を賛美し、サムライを高く評価している。

といったところであろう。

心中は自分のために死ぬのでもなく、相手と自分の共同の目的のために死ぬのでもない。ただひたすらに愛する者の目的を達するために、その犠牲になる。——熱烈な性愛と、優美な同情という二重性をもつ、性を超えた生存意識が、彼らを死路《しろ》におもむかせる。——心中は死という事実に、豊富な生の意味を与えた、とする。

またこの本の著者は、近代日本の成功を、武士階級の力のみによった。——つまり、明治維新には、農民や町人の力は、ほとんどなかった、とみた。したがって、近代日本をはぐくんだのは、武士道をきたえた徳川期でなければならない。——

日本婦人との熱烈な恋愛や、酒に酔うと、

——人は武士、気概は高山彦九郎《たかやまひこくろう》、

京の三条《さんじょう》の橋の上、

遥《はる》かに皇居を伏《ふ》し拝《おが》み、

落《お》つる涙は加茂《かも》の水……

と歌ったという、戴季陶のすがたが、その著『日本論』にオーバーラップする。

昭和のはじめの、中国の日本観がどのようなものであったか、その一端を紹介するだけで、戴季陶はこのあたりで打ち切ろう。

私はそれとは別に、徳川期において、武士にかぎらず、『日本的性格』が、いかに洗練されたかを指摘したい。

江戸時代は世界史上稀《ま》れな文化の凝縮期

小さく、しかし、強力にまとまる。——この日本的性格は、小国分立して、しかも安定した徳川時代二百六十年をまって、はじめて完成の域《いき》に達したといえる。その完成は、ほとんど芸術的といってよいだろう。仏教も儒学も——朱子学であろうと陽明学であろうと——すべて、それに奉仕したのだ。

徳川の御三家、あるいは加賀《かが》百万石といった、当時の超大藩でさえ、せいぜい現在の一県ていどの規模であった。一万石や二万石といった小大名の領地は、まず一つの町村ぐらいなのだ。

その地の家老は、たいていその前の家老の息子である。城下町の大工の棟梁《とうりょう》は、ほとんどその前の棟梁の息子であり、さらにその前の棟梁の孫である。

系列。——

これはみだすべからざるものと認識された。しかも、この系列は、とりわけ血統が重要な役割を演じる。

血縁的系譜の正しさは、ただの理想ではなく、たしかな現実であった。徳川二百六十年のあいだに、その現実はいやでもますます色濃い現実になった。濃縮されたのである。世界史上、これほど文化の濃縮が極度におこなわれた時代は、ほかにない。

中国では、いちじるしく様相《ようそう》が異なる。

高級官僚は自分の出身地では任官できないことになっていた。だから、徳川期の日本のように、地縁と血縁が、がっちりと結びつくことはなかった。中央政府は、そのような結びつきを警戒することに腐心《ふしん》したのだ。

むろん中国にも、地方の豪族とか名門といわれるものはあった。彼らはその地の官僚と結びつくことによって、いささかの政治勢力を得たかもしれない。だが、自らその地方を統治することはできなかった。一門のなかから、すぐれた政治手腕をもつ者があらわれても、その人はよその土地の行政官になったのである。

そうなると、人びとにとって権力者とは、

――来たり、また去る。

ものである。じっととどまることはないし、前の権力者と今の権力者とのあいだに、なんの血のつながりもない。

日本の場合は、血がつながりすぎたといえるだろう。その結果、人びとの血にたいする信仰は、いやがうえにも深まり、ついには血統がすべてである、といった極端な考え方さえおこった。

“血”への信仰の頂点が“天皇家”

徳川二百数十年という濃縮のための歳月のほかに、日本では天皇家の存在が、血への信仰を一そう深める重大な要因になっているであろう。

天皇家は、直接統治せざる元首の家系として、じつに長くつづいた。直接統治しなかったからこそ、長くつづいたという見方もある。なにはともあれ、このように長くつづくと、天皇家の意義は、『血統』が中心になってしまう。

日蓮《にちれん》（一二二二―一二八二。鎌倉中期の僧。日蓮宗の開祖。『立正安国論《りつしょうあんこくろん》』を研究成果としてまとめた）は自分のことを、『佐渡御勘気抄《さどごかんきしょう》』

――海辺の旃陀羅《せんだら》が子なり。

と、はっきり言っている。旃陀羅とは、インドの四姓《しせい》（カースト）のなかにもはいらない最下層民で、おもに屠殺《とさつ》、漁労《ぎょろう》をなりわいとしていた階層である。

それなのに、のちの日蓮信者は、

――聖武《しょうむ》天皇のばっそん（末孫）。

などと、日蓮の血統を高く持ちあげねば気がすまなかった。これは、われは海辺の賤民の子と誇《ほこ》らかに名乗った日蓮の精神に、あきらかに反した操作である。だが、日本人は、『日蓮大聖人註画讃《にちれんだいしょうにんちゅうがさん》』大聖人がただの海辺の漁夫の子であることを、許そうとしなかったのだ。

おなじことは親鸞《しんらん》（一一七三―一二六二。鎌倉初期の僧。浄土真宗の開祖。著書『教行信証《きょうぎょうしんしょう》』）にもいえる。

彼が貴族日野有範《ひのありのり》の子であるというのは、きわめて疑わしいこととされている。


日本だけの怪現象〝家元《いえもと》制度〟

王朝がしばしば交替した中国では、血への信仰はそんなに深まらなかった。また官僚制度においては、実権派が固定しないこともあって、日本のような『尊血主義』はうまれなかった。

しばしば問題になる『家元』の制度にしても、日本でなければ誕生できなかった形態である。

これは前章にのべた、

――結果尊重。過程軽視。

の性格とも微妙に関係してくる。

生け花の流派の開祖の子に、生け花の天才がうまれるとかぎっているだろうか？

だが、家元制度が成立するには、右の不合理な前提が肯定されねばならない。

あれこれと論議をすれば、開祖の子の天才説は、たいてい否定されるであろう。だから、論議という過程は抜かれ、世襲という結果が押しつけられる。押しつけても、いろんな形の反撥《はんぱつ》があるだろう。

その反撥を沈黙させる、切り札的なものが『尊血主義』なのだ。

他力廻向《たりきえこう》の信仰を唱《とな》えた親鸞の宗派が、血脈相承《そうしょう》によって今日まで伝えられたのは、怪現象としかいいようがない。だが、日本においては、それはあやしまれなかった。

家元制度も、おなじように、日本以外の国では怪現象のはずである。

尊血主義がこれほど力を得たのは、それが必要とされたからにほかならない。

小さく、しかも強力にまとめるためには、確固たる中心が必要である。

その中心が白扇をうごかす。その合図によって、集団は自在にうごき、その力こそは集団の生命である。

その下《もと》に一致団結できる中心。——それはたえず揺らぐものであっては困る。かりに実力はなくても、揺れないものであってほしい。シンボルとして祭れるもののほうが都合がよいのだ。

ところで、そのシンボルの権威を裏づけて、確固たるものにしようとすれば、なにをもってくればよいだろうか？

いうまでもない。——血統が最高である。

2　文明は中原《ちゅうげん》より

中国では〝血〟を問題にしなかった

日本の尊血主義についてふれたが、こんどは中国でいかに『血』が問題にされなかったかを述べたい。

『血』ということばは、とうぜん『種《しゅ》』につながる。種族という大きな問題を、中国人はむかしからどう考えていたであろうか？

古いところから考察してみよう。

『史記』をしらべてみるのだ。

『史記』には、異種族のことがしきりに出てくるが、その肉体的特徴についての描写は、まったくといってよいほどないのである。

このことについて、外国の研究家の記した文章を引用したい。

古代中国人とその周囲に住んでいた諸民族とのあいだに、どのような違いがあったのか。その答えは、おそらく何も得られないだろう。ヘロドトスは、蛮族の肉体的特徴を描写して異様なまでの極端さに走ったり（訳注＝インド人の精液が皮膚の色と同じく黒いという説をさす。青木巌訳、新潮社版『歴史』上巻二〇三ページ参照）、その言語をこうもりの鋭い叫《さけ》びに比べたり（訳注＝同上二八四ページ）している。

だが、『史記』の中から何かそういった情報を探そうとしても無駄だろう。司馬遷《しばせん》や中国の人びとの眼には、肉体的差異の問題がうつらなかったらしい。中国人とそれ以外の古代の諸民族とを区別する、重大な肉体的特徴が実際にはあったかもしれない。

しかし、無知からか、あるいはそのような態度を選んだためか、司馬遷はこの点について何ひとついわない。重大な差異がなかったのか、それとも書き記す必要がないと思ったほど、その差異が明白であったのか、どちらかであると推断するよりしかたがない。……

（バートン・ワトソン『司馬遷』筑摩書房版・今鷹真訳）

〝中華思想〟は〝尊血主義〟ではない

モンゴルやトルコ族が、中原《ちゅうげん》の民と肉体的な差異がなかったはずはない。それなのに、司馬遷が書き記さなかったのは、彼がそれに関心がなかったということを物語っているのではないだろうか？

中国に尊血主義、およびそれにつながる種族思想は稀薄《きはく》だったということになる。

それでは、あの悪名《あくみょう》高い『中華思想』はどうなっているのか？

ここではとりあえず、司馬遷が種族の肉体的差異に興味がなかったとすれば、彼の関心は何にむけられていたかを問題にしよう。

日本的性格にならって、ここでまず結論を出そう。

文明の有無《うむ》。――

司馬遷の関心はこれにむけられていたのだ。

だから『史記』の『匈奴列伝《きょうどれつでん》』も、匈奴は文書を用いないとか、戦争でも遁走《とんそう》するのを恥と思わない、利益あるを知って礼儀を知らず、壮者《そうしゃ》が良いものを食べ、老人は残りものを食べ、父が死ねば継母《けいぼ》を妻とし、兄弟が死ねば嫁を妻にいれる、といったような習俗の描写にのみ熱心である。

習俗は『文明』の問題であって、肉体的特徴は『種族』の問題である。

中国の文明は、中原に起こった。

中原というのは、黄河の中流のおもに南岸、現在の河南省《かなん》の一部である。古代ではそこが世界の中心であった。北京でさえ、中原をはるか離れ、『蛮貊《ばんぱく》に迫る』と司馬遷が表現した辺地《へんち》にすぎなかった。

その中原の住民だけが文明人であり、それ以外は大雑把《おおざっぱ》に、東夷《とうい》、南蛮《なんばん》、西戎《せいじゅう》、北狄《ほくてき》と呼ばれて野蛮人視されていた。文明あってこそ人間といえるのであって、文明をもたぬ民は禽獣《きんじゅう》にひとしい。――中華思想ということばは、このかんたんな骨組みのうえに、さまざまな要素がかぶさったものだ。

文明が伝播《でんぱ》されると、その地はもはや蛮地ではなく、中華の地となる。そこの住民も、夷狄《いてき》ではなく、中華の民に昇格するのが原則だった。

〝中国〟とは〝宇宙の中心〟という意味

中原という語は、文明圏がひろがるにつれて、しだいに固有名詞としての性格を失っていく。『中原に鹿を逐《お》う』というのは、天下の覇権《はけん》を争うことの雅語《がご》となり、中原はもはや黄河中流の沃地《よくち》を指すとはかぎらなくなった。おそらく、『原』という地形を連想させる語感が、事実にそぐわなくなったのであろう。この語はやがて、中夏、さらに中華という語にとって代わられた。
中国ということばについて一言したいが、これはもともと、
――中《なか》つ国《くつ》
ではなくて、
――国つ中
の意味であった。
いろんな国があって、その中央の国だというのが『中つ国』の発想法だが、中華思想の場合、諸外国というのを認めないのだから、これは矛盾《むじゅん》する。
国＝宇宙
と考えて、その宇宙のまん中、すなわち皇帝の居城となる。この用法は唐まで生きていた。
まえにのべた『鬼才』李賀《りが》の詩に
李憑《りひょう》、中国にて箜篌《くご》を弾《だん》ず
という句がある。
箜篌は楽器の名で、タテゴトだからハープのことなのだ。李憑というのは当時のハープ

の名手であったらしい。
李賀の詩を註《ちゆう》した方扶南《ほうふなん》は、この句に、
——中国不可作中夏。只作都中解。
と註釈をつけた。
この句の『中国』を、国名の中夏としてはならない。たんに『都のなか』と解すべきだ、というのである。
国つ中——すなわち首都。言いかえると、文明の度の最も濃い場所のことだ。
曹植《そうしよく》（一九二—二三二。三国時代の詩人。魏《ぎ》の武帝曹操《そうそう》の三男）の『遠遊篇《えんゆうへん》』という詩に、
崑崙《こんろん》はもと吾《わ》が宅《たく》にして
中州《なかす》は我が家に非《あら》ず
とあるのもそうである。
崑崙の山こそ自分の住家《じゆうか》であって、州《くに》つ中《なか》（すなわち帝京）は、我が家ではない、という意味なのだ。
おなじ曹植の『吁嗟篇《くさへん》』に
——故《もと》より彼《か》の中田《ちゆうでん》に帰すや

という句があるが、これも、

——もとのように、あの田んぼの中に帰してくれるだろうか？

という意味だ。中田は中央の田んぼではなく、田んぼのなかである。

この用法が影をおとして、その後の『中国』ということばにも、

——世界に冠たる。……

という気負いよりも、

——センスのよい都ぶり。……

というニュアンスのほうが強かった。

中国ということばが、語感としてとくに肩を怒らせはじめたのは、列強の侵略を受けた近代になってからである。

3　文明の周辺

呉《ご》の開国伝説に見られる美談

長江《ちょうこう》の下流にあった『呉《ご》』という国は、春秋の末期、越《えつ》に滅ぼされたが、この地方は日本との関係が深い。たとえば、日本で反物《たんもの》の総称を『呉服《ごふく》』という事実は、風俗の上でもかなりの交流があったことを物語っている。また日本語に及ぼした影響も、『呉音』として残っている。

――月落ち烏《からす》啼《な》いて霜《しも》天に満つ。……

の詩で日本人になじみの深い寒山寺《かんざんじ》は、呉の古都姑蘇《こそ》城《じょう》外にある。姑蘇は現在の蘇州《そしゅう》で、江南《こうなん》文化の中心であった。

近代中国の学問・芸術は、江南――長江下流南岸――に生まれたといってよい。清《しん》代の科挙でも、実力本位でゆくと、合格者の大部分がこの地方から出るので、省別に合格者の比率をきめて按分《あんぶん》するようになった。

それほど文運《ぶんうん》盛んなこの江南の地も、中国歴史の曙光《しょこう》時代には、蛮地といわれていたことを、われわれは忘れてはならない。

古代中国文明は黄河中流の『中原《ちゅうげん》』にあった。

長江はそこから遥《はる》かに遠い。

この蛮地『呉』の開国伝説は、『史記』の『呉太伯世家《ごたいはくせいか》』にのっている。

この国をひらいたのは、周の太王《たいおう》の長男太伯《たいはく》と、次男仲雍《ちゅうよう》であったという。

周の太王はこの二人よりも末子《まっし》の季歴《きれき》を愛した。いや、季歴の子である昌《しょう》を熱愛したのである。この孫は『聖子』であるというのだ。昌に王位を伝えるためには、その前提として、太王はまず位《くらい》を昌の父である季歴に継《つ》がせねばならない。

それを察した長男と次男は、父親の望みどおりに、末弟季歴が即位できるように、自分たちは出奔《しゅっぽん》して蛮地に走った。

しかも、万一《まんいち》発見されても、再び周室に用いられることがないように、蛮人の風習に従って、いれずみをし、髪を断《た》ったのである。

彼らが出奔した土地が、江南の地、のちの呉である。

太伯はその地の人民に慕《した》われ、リーダーに推《お》され、呉の国がこうして誕生した。太伯には子がなく、死後は弟の仲雍が位を継ぎ、子孫相《あい》伝え、越王勾践《こうせん》に滅ぼされるまで国をたもった。

うつくしい物語である。

ひょっとすると、この二人の兄弟は、末弟に位を継がせたい一心の父親が、自分たちを殺しはしないかと怖れて、逃げ出したのかもしれない。

〝文身《いれずみ》断髪〟さえすれば、たちまち〝蛮族〟になる

だが、そんな意地のわるい見方をしないで、ここで、もういちど『史記』の本文を読んでみよう。

——是《ここ》に於《おい》て太伯・仲雍二人、乃《すなわ》ち荊蛮《けいばん》に犇《はし》り、文身《いれずみ》断髪し、用《もち》う可《べ》からざるを示す。

とある。

問題は『文身断髪』にある。

再び周室に用いられないために、太伯と仲雍がしたことは、野蛮人になることだった。

この物語は、野蛮人になりさえすれば、どんなに血がつながっていようと、周室、ひいては文明圏と完全に縁が切れることを暗示している。

さらに注目すべきことは、文身断髪さえすれば、もと文明人もかんたんに野蛮人になれたらしいという事実なのだ。

いれずみも断髪も、どちらも後天的な特徴にすぎない。

蛮夷《ばんい》とか狄戎《てきじゅう》とかいって、『史記』にもこれらの蛮族はしばしば登場する。だが、さきに引用した『史記』研究家の文章にもあったように、彼らの肉体的特徴の描写は、まったく試みられていない。

中華の住民は、蛮夷を軽蔑《けいべつ》したが、それは彼らに文明がないという理由による。その理由がなくなれば、つまり蛮夷もひとたび文明をもてば、尊敬に価《あたい》いする人間とみなされたのである。

極言すれば、呉太伯の物語を逆にして、野蛮人がいれずみをせずに髪をのばし、衣冠束帯《いかんそくたい》すれば、中原の『文明人』になれたということではあるまいか？

このひっくり返しは、やや乱暴であろうが、華《か》と夷《い》を峻別《しゅんべつ》した中国的性格の裏がわは、意外に風通しがよかったようである。それを裏づける事実を、われわれは歴史的記録のなかから、いくらでもさがし出すことができる。

『史記』開巻《かいかん》第一ページの『五帝本紀《ごていほんぎ》』に、舜《しゅん》が帝堯《ぎょう》に進言したことばをのせている。

――請う共工《きょうこう》を幽陵《ゆうりょう》に流し以て北狄《ほくてき》に変じ、驩兜《かんとう》を崇山《すうざん》に放ち以て南蛮に変じ、三《さん》苗《びょう》を三危《さんき》に遷《うつ》し以て西戎《せいじゅう》に変じ、鯀《こん》を羽山《うざん》に殛《きょく》（幽閉）し以て東夷に変ぜん。……

共工というのは官名らしいが、その人物は『淫辟《いんへき》』だったという。その共工を推薦したのが驩兜である。三苗は江淮《こうわい》・荊州《けいしゅう》で乱をなし、鯀は治水に功がなかった。

これらの罪人たちを、辺地に流して野蛮人に『変え』ようというのである。

三苗はともかくとして、共工や驩兜は帝堯の重臣であり、鯀は舜のつぎに帝位について夏《か》王朝をはじめた禹《う》の父である。中原文明の、それこそ中心にいた人たちなのだ。

彼らは罪をえて、辺地に流され、いともかんたんに北狄や南蛮に変えられてしまった。

注釈家は、彼らは罰として服装やすがたを夷狄とおなじにさせられた、と説く。

むろん、これは神話時代の伝説にすぎないが、中原の人たちが周辺の夷狄をみる眼が、けっして種族的なものでなかったことを示している。

服装をかえ、いれずみをするていどで、中原の民も夷狄になれる。種族や血統については何も言わない。

これによっても、中華と夷狄の差が、血統以外のもの、おそらく文明・非文明という尺度による分類にすぎない、ということがわかるだろう。

〝天に二日なく、地に二王なし〟のしきたりと蛮夷

太古にあっては、文明というものは、かんたんに火をおこすとか、便利な容器やちょっとした器具をつくる技術にすぎない。そうした技術の進歩によって、余剰の時間がうまれ、文明はさらに洗練されていく。

中原から辺地に流された文明人は、その便利な技術や知識のために、未開の人びとから大いに歓迎されたにちがいない。文明の伝播《でんぱ》は、蛮地のすがたを変え、ついには中華の地にしてしまう。その土地の住民も夷狄ではなく、中華の民となる。

秦《しん》や楚《そ》といった、戦国時代の強国は、そのような蛮地から『中華の国』に成りあがったのである。

周王朝がどんなに衰えても、

――天に二日なく、地に二王なし。

ということで、諸侯は公《こう》、侯《こう》、伯《はく》などの称号で我慢していた。誰も敢《あ》えて『王』を自称しなかったとき、はじめて王号を称したのは楚であった。王号の制作者である楚の熊渠《ゆうきょ》という人物は、

――我は蛮夷なり。中国の号謚《ごうし》に与《あずか》らず。

とうそぶいた。

周王朝のあるじしか王と称せないのは、中華のしきたりである。しかし、俺《おれ》さまは蛮夷だから、そんなしきたりとは関係ない、といったのだ。

この楚が隋《ずい》という小国を伐《う》とうとしたとき、隋は、

——われに罪無し。

と抗弁した。

なにも悪いことをしていないので、討伐されるいわれはない、と言ったのである。ところが、楚はまたしても、

——我は蛮夷なり。

と臆面もなくひらき直った。

戦いをしかけるとき、中華の諸侯なら相手の非を鳴らし、『天に代《かわ》りて不義を討《う》つ』式の名目を立てたものである。

楚にしてみれば、そんなまわりくどい名目などどうでもよかった。面倒臭《くさ》いので蛮夷になったのだ。

これでみると、楚の人たちは、蛮夷と称することを、べつに恥とは思っていなかったよ

うである。

4　決定的なもの

“人”がつけば“中華”の国、つかねば“蛮地”

おなじ佐藤という姓の人でも、新聞にのって、佐藤と呼びすてにされていると、たいてい殺人事件や轢《ひ》き逃げの容疑者である。佐藤さんとか佐藤氏とか敬称がついていると、被害者か目撃者で、『悪くない人』であることがわかる。敬称のあるなしで、事の善悪を示そうとするのだから、『微言大義《びげんたいぎ》』――さりげない言葉づかいで批評する――の一種であろう。

孔子《こうし》が編定した『春秋』は、愛想《あいそ》のない、簡潔な年代記のなかに、この『微言大義』という厳正な批判を含ませたといわれる。

たとえば、鄭《てい》の荘公《そうこう》が弟の段《だん》を討った記事を、

――鄭伯《ていはく》、段《だん》に克《か》つ。

と書いている。

ふつうなら弟を討つと書くが、段と呼び捨てにしたのは、彼が弟の道からはずれていたからだという。

鄭の公爵である荘公を、鄭公と書かずに、鄭伯としたのは、弟を教化できなかった不徳を譏《そし》るために、位階を一つおとしたのだとする。

また『春秋』のなかでは、中華の諸侯の国をいうときは、『人《ひと》』という字をつけるが、夷狄《いてき》のときはそれをつけないという原則がある。

ところが、昭公《しようこう》十二年のところに、

——晋《しん》、鮮虞《せんぐ》を伐《う》つ。

とある。晋人《しんひと》といわずに、ただ晋とだけ書いたのは、晋が夷狄と連合して中華の国を討ったのを批判したのだという。

僖公《きこう》三十三年の項に、

——晋人《しんひと》、姜戎《きようじゆう》と、秦《しん》の師を殽《こう》に敗る。

とある。

姜《きよう》や戎《じゆう》は中華の国でないから『人』がつかないが、秦《しん》は中華の国である。なぜ秦人《しんひと》としなかったのか？

『春秋』を註釈した『穀梁伝《こくりょうでん》』の解釈では、この戦いで秦は子女の教《おしえ》をみだし、男女の別がなかったので、夷狄とみなしたという。

秦はすでに夷狄である。だから、姜や戎といった夷狄と連合して秦を討っても、晋は非難されない。だから、『晋人《しんひと》』と、『人』の字をつけてもらえたのだ。

僖公十八年には、

——邢人狄人《けいひとてきひと》、衞《えい》を伐《う》つ。

というのがある。

夷狄の代表とみなされた狄に『人』がついているのはなぜか?

『穀梁伝』の解釈では、狄が衞を伐ったのは、斉《せい》を救う義挙だったからだという。

ある戦争を境にして、中華の国がとつぜん夷狄に変わる。反対に、禽獣《きんじゅう》視されていた夷狄が、たちまち『人』に昇格する。こういう考え方は、種族主義、尊血主義からはうまれない。

僖公二十四年の項に、周の襄王《じょうおう》が狄の女を皇后にしたことが出ている。そのとき、重臣の富辰《ふしん》が諫《いさ》めたが、それは王室の血統に、夷狄の血が混じるのをおそれたのではない。そんな尊血主義の考えは、富辰の諫言《かんげん》のなかからさがし出すことはできない。

彼は言う。――

――狄后《てきこう》はいずれ王の寵愛《ちょうあい》を失って、しりぞけられる日もあるだろう。そんなときの女の怨《うら》みはこわい。あげくのはて、自分の実家である狄をたのんで、怨みをはらそうとするかもしれない。……

血のことは一《ひ》と言《こと》もいっていない。

“中華”と“夷狄”の差は決定的ではなかった

周王朝のみならず、中華の諸侯の国も、しばしば夷狄と通婚している。もし中華思想といわれるもののなかに、『血』の意識が強烈であれば、そんな通婚はおこなわれなかったであろう。

晋《しん》の恵公《けいこう》は、父の献公《けんこう》が、戎《じゅう》から迎えた姉妹の妹の生んだ子である。おなじく晋の文《ぶん》公《こう》は姉のほうが生んだ子である。恵公も文公も戎の血をまじえながら、中華の諸侯と認められた。ついでながら、献公はよほど戎の女が好きだったとみえて、その後も驪戎《りじゅう》の娘を迎えて、お家騒動の原因をつくった。

それほど『血』は重視されなかった。

むしろ、『胡服騎射《こふくきしゃ》』の場合のように、風習をとりいれるときのほうが、大事件の様相を呈したではないか。

夷狄の血がはいることよりも、夷狄の服装がはいることのほうが、問題は大きかったのである。なぜなら、服装は文明とじかにつながるからだ。

流罪《るざい》や亡命の中原文明人によって、夷狄が文明化して、中華文明圏に編入されるのが、中国古代社会のうごきであったようだ。夷狄がしだいに風習や服装をかえると、中華の民と化してしまう。

やり方が文明的であるか否《いな》か、それだけが中華と夷狄の区別の基準と考えられていた。そのような華・夷の区別は、決定的なものとはいえない。

決定的なものとはなにか？

それはいうまでもなく『血』である。

これだけは、服装をかえたり、髪をのばしても、どうにもならない。生まれかわらないかぎり、変えることができないものなのだ。そのどうしようもないものを、日本は価値の基準としたのである。

日本ほど〝差別〟のきびしい国はない

どんな国でも、程度の差はあれ『お国自慢』というのはあるだろう。自慢のはては、他を軽蔑《けいべつ》することになりがちだが、これは差別への大きな門戸になる。

文明国のなかで、日本ほど差別の峻厳《しゅんげん》な国はないのではあるまいか。

差別する側の人には、その痛みがよくわからないのが特徴である。差別待遇をしていると抗議されると、差別をしているほうでは、きょとんとして、

――まさかそんなことはないでしょう。そちらの思いすごしですよ。

などと言う。

とぼけているのではない。本心から、まさか、と思っているのだ。

日本人の差別意識が強烈なのは、人間を区別する基準が、『血』という決定的なものであるせいであろう。

島国として、もともと異分子がすくなかったこと、団結の妨害になるかもしれないものにたいして、警戒心が異常に強かったという事情もある。

白扇の指揮に、一人でも違反すれば、軍事集団としては全体の命取りになる。とすれば、一人の異端も許されない。

異端をみつける、最もてっとりばやい方法は、『血』の確認である。

鎖国日本は、外人ばかりか、外人と日本人の混血児まで追放して、『じゃがたら文《ぶみ》』の悲劇を生んだ。

かりに帰化《きか》しても、ヤマトの血をもたぬ者は『仲間』とは認められない。

韓国系の帰化学生が、絶望して自殺したのは、つい去年（昭和四十五年）の出来事である。白扇が右を指しているときに、左へとび出されるのがおそろしい。そのような可能性のある人間を、できるだけ排除しようとするのだ。ウの目タカの目が、血を異《こと》にした人間のうえに、そそがれている。人の魂《たましい》をついばむようなその視線に、たえられなくなった人間は死ぬほかはなかったのだろう。

中国は文明で統合したが、日本は『血』で団結してきた。それがあるていど成功しているので、血への信仰はそんなにかんたんに薄れないかもしれない。

第六章

〝完全〟と〝不完全〟

――バランスを尊ぶ中国人と、アンバランスを好む日本人

1　石をこわす人たち

ここに私自身が忘れかけていた文章がある。といって、そんなに古いものではない。ただ私の名前が出ていない。六年ほど前に、ポルトガル人アントニオ・マーカスという架空の名前を使って、『文芸朝日』という雑誌にのせたものである。

同誌が『日本人を分析すれば』というタイトルで、数名の作家に、――カタカナの名前をつかって、日本人論を書かせたのである。

ベンダサンの先駆をなした試みといえるかもしれない。

前章では、『春秋』などの重い引用が多かったので、この章では、アントニオ・マーカスの軽い文章を再録してみよう。――

×　　×　　×

〝血〟にまつわる〝わるい夢〟

私はときどきわるい夢をみます。汗をかいて、うなされていると、日本人の妻がゆりおこして、

「もう隠居《リタイア》して、のんびりと遊んでるのに、どうしてこわい夢なんかみるのです？」

と、きげんがわるいのです。まるで、こんな住みやすい国にいて、なにをぜいたくな、といわんばかりです。

私は見た夢の内容を彼女に話しません。もし言えば、しつこいといわれるのにきまっていますから。

石をこわしている夢を、私はよくみるのです。石屋さんがノミで、こなごなにこわします。ときどき火花が出て、それが私の顔にかかって、「熱い！」ととびあがって、目がさめたこともありました。

私の父の友人の一人が、さびしい山に別荘を建てたり、ゴルフ場をつくったおかげで、その土地がひらけて繁盛しました。明治時代のことで、ずいぶんふるい話です。それで土地の人たちが感謝して、記念碑をつくりました。

ところが、太平洋戦争がはじまりました。その人は英国人でしたので、敵性国人の記念

碑などけしからんというわけで、役所の人たちが、石屋さんを連れて行って、ぶっこわしたのです。

私は母国が中立でしたので、戦時中もいくらか行動の自由があって、ある日その山へ行ってみました。父の友人の記念碑は、あわれにも消えてしまって、あたりに石のかけらが散らばっているだけです。夏のことでしたが、私は寒くなりました。

その人はむかし有名でしたから、名前をいえば、知っている人も多いでしょう。六甲山《ろっこうさん》の開祖といわれたグルームです。明治維新のころ、長崎のグラバー商会の番頭として日本にきた人ですが、大へんな日本びいきでした。日本婦人を妻として、うまれた子どもたちには、ぜったい英語を教えず、日本の学校へ行かせました。

子どもたちが洋服を着ると、真っ赤になって怒るので、娘さんはお父さんのいないときに、こっそり洋服を着ていたほどです。しまいに日本に帰化しましたが、そんな人でも『血』は英国人だというので、記念碑の石さえ許されなかったのです。しかも、この彼を『開祖』とした記念碑がこわされたのは、彼が亡くなって三十年もたったときでした。

なぜ血をだいじにするのか

日本人は血の意識が、あまりにもつよすぎるのでしょうか。日本人と非日本人を区別することにかけては、きわめて厳格です。かつてポルトガル人のモラエスという人が、日本を愛し、日本人になろうとしましたが、とうとうできませんでした。彼の努力は、むなしく、そしてかなしいものでありました。

私の父は、ゴア、チモール、マカオなどを転々としてから日本に定住した人物です。世界のいろんな地方の人間を見てきたので、引退してからは、趣味として『骨相学《こっそうがく》』の研究をするようになりました。彼のつくった人名録は、大そうかわっています。住所や電話番号のほかに、その人の顔のタイプをメモしているのです。

山田一夫　モンゴロイド・タイプ

鈴木太郎　ポリネシアン・タイプ

佐藤正男　コーリアン・タイプ

といった具合です。なかにはクマソ・タイプと書いたのもあります。おそらく、ヒゲの濃い人だったのでしょう。

ベトナムで従軍した新聞記者の報告に、あちらの原住民は、容貌《ようぼう》が日本人そっくりだと書いてあるのを読みました。またヒマラヤ登山隊の旅行記にも、ブータンあたりの住民は、日本人とかわらない顔立ちをしている、といっております。このあいだ、テレビで中国の奥地の小学生が出ていましたが、アナウンサーが、日本の子どもたちと見わけがつかない、と解説しているのをききました。

私にいわせると、そんな地方の人たちとおなじタイプの人が、日本人のなかにもいるということです。つまり、日本人は東アジア各地の人たちと、血のうえで縁つづきといえるのではないでしょうか。

人種学的にも、日本人は混血種族だというのが定説のようです。

それなのに、どうして、そんなに血をだいじにするのか、いろんな理由があると思いますが、混血であるからこそ、よけいに血にこだわるのかもしれません。ヒトラーがあれほどユダヤ人を憎んで、ゲルマン民族の純潔をやかましくいったのは、彼自身にユダヤの血がまじっていたからだ、という説もあります。また海にかこまれた島国という地理的な環境も、よそ者にたいして、きびしい区別をする心理をうむのでしょう。

地理的環境のほかにも、歴史的な環境も、それにまけない強い力がはたらいているのではないかと、私は考えます。

日本が明治になって開国したとき、西洋の諸国がずっと進歩していることに気がつきました。日本は当然、追いつき追い越そうとつとめることになったのです。西洋人は、日本人にとっては、目標であり、先を走っている競争者でありました。

目標や競争者は、はっきりさせねばなりません。そうした意識が、よけい日本人と非日本人の区別を、濃い線で分けるようにさせたのではありませんか。

気にさわることばですが、熱心な向上心があればあるほど、コンプレックスは避けられません。私はマカオへ行ってかんじましたが、中国人の西洋人にたいする態度は、日本人のそれとすこしちがいます。それほどコンプレックスをもっていないどころか、かえって慇懃《いんぎん》のなかに尊大ぶったところがあるのです。

私ははじめ、彼らは向上心がないから、コンプレックスをかんじないのではなかろうか、と思いました。しかし、中国人が向上心に欠けていると考えられるふしもありません。けっきょく、彼らには偉大な文化をつくりだしたという自尊心があって、いくら現状では差をつけられていても、『もとチャンピオン』のプライドは、劣等感のはいあがる穴をふさいでしまうらしいのです。

居丈高《いたけだか》の裏の弱味

日本の過去に偉大な文化がなかったとはいいません。ただ文字や文物が、おもに外国から伝えられたというようなことは、それにたいするプライドが、中国人の場合にくらべて、よわめられるのではないでしょうか。

明治以降、日本がめざましい進歩をとげたのも、おそらく背中の荷物が軽く、思いきって走れたのが、一つの理由でありましょう。それにくらべて、中国人は過去の重い荷を一ぱい背負って、それを捨てもならず、ドタドタとあぶなっかしい足どりで歩くしかありませんでした。

コンプレックスは、かならずしもわるいことではありません。自覚があるから、それをかんじるのですし、それは進歩の酵母《こうぼ》のようなものです。さきにもいったように、中国人はそれがなかったために、ながいあいだ、ずいぶん苦労したといえます。

そのように、わるいことではありませんが、それが妙なふうに裏がえしになってあらわれるのは、いい気もちがしないものです。

外国人にたいしても、しぜんに応対すればよいのに、なんとなく緊張したり、ときには理由もなく居丈高になる人がいます。とくに戦争中によくありました。なんのことだった

か、私はいちど、ある軍人さんから、

「なんだ、毛唐のくせに！」

と、どなられたことがあります。

また狭い道で、一人のガニマタの男に出会ったところ、こわい目でギョロリとにらまれたこともありました。ガニマタの人はたいていジュードーが上手なので、私はこわくなって、道のはしをコソコソと通り抜けたのです。むかしのサムライは、「よらば斬るぞ」といったそうですが、その男はまるで、「よらば投げとばすぞ」といわんばかりでした。

私が逃げだしたので、そのガニマタの男は満足して、肩をいからして、元気よく歩いて行きました。でも私にはそれが勇ましいというより、裏がえされたコンプレックスとしか思えません。きっとその男は、日本の国威をたかめ、日本男子のカッコのいいところを見せようとしたのでしょう。それにしても、通りすがりの人間を相手に、愛国心を発揮する必要はなかったと思いますが。

とつぜん乱暴になったり、居丈高になって吼《ほ》え立てるのは、なにか弱味をもっているからでしょう。そんな種類の行動でしか、ものごとは逆転できないとすれば、かなしいことであります。

戦争中にはやったいろんなこと、たとえば『みそぎ』といった奇怪な行為から文学における日本浪曼派《ろうまんは》の運動にいたるまで、だいたい似たものではなかったでしょうか。私は日本の文学にも興味をもって、すこし研究していますが、生来《せいらい》ロマンチストでありますが、日本浪曼派には失望しました。

なぜかといえば、あれには次元をすこしずらして、そのどさくさまぎれに価値逆転をはかるという意図がちらちらして、ロマン特有のおおらかさがありません。背のびトンボ返りばかりが目につくのであります。

じつは、こんなことはいまさら言わないでもいいように思います。なぜなら、コンプレックスは、状況の変化で無くなるものですから。おくれているうちはそれがあっても、追いついてしまえば、あとかたもなくなるでしょう。

総理大臣のいいぐさではありませんが、日本も大国になりました。とくにその経済力は大したものです。紅毛碧眼《こうもうへきがん》の国で、日本より劣るのがいくらもあります。コンプレックスも、どうやらこのあたりで消えるころでありましょう。

またげんに消えつつあるようです。とくに若い人たちのあいだに、それが目立ちます。いまの若い日本人は、外国人にたいしておずおずすることもなく、いやに緊張することもなく、ましてとつぜん居丈高になることもありません。ごくしぜんです。なんだか、なかがいあいだの憑《つ》きものが、おちたような気がします。そうです。彼らにはコンプレックスのタネがなくなったではありませんか。

同時に、日本人と非日本人の区別に、むかしの人ほどがむしゃらにこだわることもなくなりました。われわれ外国人にとっては、彼らはまことにつきあいやすい相手となって、こちらものびのびします。

私はながく貿易をやっていましたが、フィリピンやインドネシアでは、『民族商社』にしか対外貿易を許しません。たとえ帰化して国籍をとっても、ナチュラルの自国人でなければ、インポート・ライセンスをおろさないのです。ここに『血』の意識と、きびしい区別があります。つまり、明治の日本のしたことは、いま新興国でやっているわけです。

日本はますます住みよくなるけど……

私たちが日本にいて、いまでもこまるのは、ふるい連中です。歴史的環境がかわっても、長年のあいだ身につけたものは、なかなか洗いおとせないようです。無理をしなくてもよいのに、強がってみせ、歯をくいしばってきばります。もはや私たちは目標でもなんでもないのに、まだ厳格に区別しようとするのです。『明治のバック・ボーン』ということばがあるようですが、私はその正体がこんなところにあるのだと考えています。

数年まえ、大阪のホテルのロビーにはいると、ちょうどテレビが、力道山《りきどうざん》が空手チョップで外人レスラーをいためつけている場面をうつしていました。外人レスラーがダウンすると、私の隣にいた人が立ちあがって、

「ええぞ、もっとやれ！　日本人の強いとこみせたれ！」

と手をたたくのです。

見ると、まぎれもない明治のおっさんでありました。

これが明治精神の精華《せいか》というものでありましょうか。

まだ追いつけぬから背のびをし、強がってみせる。じれったくなると、きわめて条理に欠ける言動でもって、逆転しようとする。――あのガニマタのジュードー紳士などは、その極端な例でしょう。

弱味をかくす強がりと、ほんとうの強さとはちがいます。明治のおじいさんたちは、若い日本人を、意気地なしとか、礼儀知らずなどとののしるようですが、冗談ではありません。本物の強さに裏づけられた人は、意地をはったり、おどおどする必要はないのです。

歴史的環境がかわったと同時に、地理的環境もかわりました。島国だ島国だといっていても、交通機関の発達は、いやおうなしに環境をかえてしまうのです。

現在の若い日本人は、彼らの父や祖父よりも堂々として、寛容であります。こんな人たちが、あとからあとからうまれてくるでしょう。そうなれば、私たち外国人も、この国はますます住みよくなるのです。

はじめに書いた石碑のことですが、いまそれを再建する話が出ています。ところが、グルームの孫娘にあたるピアノの先生が、どうしても辞退するといってききません。

「またいつかこわされるかもしれません。そうなればかなしいから」

と言うのです。

私は、もうそんなことはないから安心しておうけしなさい、とすすめました。彼女も考えなおしたようですが、それでもやはり、

「では、おうけしてもよろしいが、開祖といったことばをいれずに、ただ六甲山の記念碑としていただきましょう」

と言いました。

彼女はなにをこわがっているのでしょうか？　私にしても、ときどきわるい夢をみるで

はありませんか。

でも、私は彼女に言ってあげました。――

「日本人もかわりました。あなたのおじいさんの記念碑をこわした連中は、もうまもなく死にたえてしまうでしょう。なにも心配することはありません」

じつは、半分は自分にいいきかせたのです。「もうこわい夢などみなくてもいいのだ」と。

新しい日本人がうまれる。――これは大そうよろこばしいことですが、ほんとうをいえば、ちょっぴりさびしい気もちもないとはいえません。これについては、うまく書けませんが、おわかりでしょうか？

アントニオ・マーカス記

2　モラエスの悲劇

〝日本を恋《こ》ひぬ　かなしきまでに〟

読み返してみると、右の文章はたしかに軽くて、重い『春秋』の埋め合わせになるが、どうも楽観的にすぎるようだ。

だから、つぎに日本人の血への信仰にたいする、過去の悲観的な例証を挙げて、未来の楽観論の埋め合わせをしたいとおもう。

偶然、右の文章で私はポルトガル人の変名をつかったが、例証に挙げるのは、おなじポルトガル人の文学者モラエス（一八五四―一九二九）である。

モラエスは日本人になろうと、心からねがった人である。

モラエスは阿波《あわ》の辺土《へんど》に死ぬるまで
日本を恋ひぬ　かなしきまでに

吉井《よしい》　勇《いさむ》

モラエスは商人のグルームとちがって、精神を重んじる文学者であった。

ベンゼスラオ・デ・モラエスが日本に定住したのは明治三十一年のことである。それまで、海軍士官としてマカオに勤務し、たびたび来日したが、この年の来日を機に、彼は日本人になろうとした。

彼は汎神論《はんしんろん》的ロマンチストで、森羅万象《しんらばんしょう》のなかに神を視《み》ようとしたようだ。そんな傾向の人間は、なによりも自分を囲む風土をたっとぶ。日本の土地に住みながら、故国の生活をそのままもち込む外国人が多かったなかで、モラエスは日本の風土に同化し、そこで神と触れ合おうとした。

彼はなにを見ても、

——かわいそうに、かわいそうに。

と言ったという。皿《さら》が一枚割れても、かわいそうにと、かなしげな顔をした。

晩年の彼に可愛がられた徳島のある女性は、

——ひげのモラエスさんは、しょっちゅう、なんでも生きている、茶碗もお箸《はし》もみんな生きている、と口ぐせのように言ってました。

と述べている。

日本人になろうとしたことは、彼にとっては、国籍を移すといった形而下《けいじか》の問題ではなかった。精神の問題であったのだ。

カトリックの彼は棄信して、仏教に帰依《きえ》し、そのうえ神信心《かみしんじん》をした。とくにお稲荷《いなり》さんを信仰した。

キモノを着て、朝起きると東方にむかって、うやうやしくカシワ手をうつ。タバコはナタマメキセルでキザミを吸った。外出したときは、『敷島《しきしま》』を吸った。食事もほとんど日本ふうに改めた。

かたちだけ真似《まね》るのであれば、ほかにもそんなことをした人がいる。元居留地の外人の本屋の主人は、よく羽織袴《はおりはかま》すがたで店に坐《すわ》っていた。

だが、モラエスは、形からはいって、だんだんと心に迫ろうとしたのである。彼は『方丈記』の世界にあこがれた。ただし、書物から得た知識を、彼はあまり重くみなかった。

——日本を知るためには、知識を習得するよりも、感情をたのしむほうが益《えき》が多い。

と、彼は書いている。これはけだし至言であろう。

二つの文明の間に難破したモラエス

自分の過去のヨーロッパという古い門をかたくとざし、新しい日本という門にむかって、彼はおのれの感受性をときはなった。南欧人でありながら、もともと楽天的な風貌《ふうぼう》のなかった彼だが、いっそう日本人的な顔つきになった。能面《のうめん》にみるエニグマチックな（謎のような）表情が、彼の面上《めんじょう》にはりついてしまったのである。彼もそれを期待したらしく、

——どうだい、すこしは日本人らしい顔になったかね？

と、よく人にきいたという。

好奇心だけで、このような努力はできない。神戸に住んでいたころ、彼は平野《ひらの》の祥福《しょうふく》寺《じ》へ参禅している。きびしい修行なのだ。

欧米系の外国人のなかで、彼ほど日本の真髄《しんずい》を理解した人物はいないだろう。モラエスはよくラフカディオ・ハーン（一八五〇——一九〇四。小泉《こいずみ》八雲《やくも》として日本に帰化。著書に『怪談』）にくらべられる。日本を知る外国人として、ハーンは代表的な人間とされているが、彼はあまりにも知識的でありすぎた。

モラエスは、ヨーロッパに属した自分の過去をとざしたが、ハーンのほうはそうではな

い。ハーンの心のなかで西欧生活に培《つちか》われたものが、大きくひらかれた門から、どっと『日本』のうえに襲いかかったのである。所詮《しょせん》、インテリ的日本理解だったといえよう。

リスボンの名門出身のモラエスも、インテリにはちがいなかったが、ハーンほど教養や知識に固執しなかった。むしろ、意識的にそれから離れようとしたのだ。頭で日本を理解するよりは、体で、そして心で把握《はあく》するほうをえらんだ。

魂をとりかえようとした、といってもよいかもしれない。

芸妓《げいぎ》出身の愛妻ヨネが、明治天皇とおなじ年に死に、ポルトガルに革命がおこって、ブラガンサ王朝は倒れ、共和国となった。傷心《しょうしん》のモラエスは、愛妻ヨネの墓守《はかも》りとなるために、彼女の出身地の徳島へ行く。

昭和四年、リューマチと心臓病に悩み、半身不随となっていたモラエスは、縁先《えんさき》からころげおちて死んだ。

吉井勇が詠《よ》んだように、かなしきまでに日本を恋い慕ったのに、日本人はヤマトの血をもたぬ人間をうけいれようとしなかった。

かつてポルトガル大使アルマンド・マルチン氏がモラエスについて、朝日新聞に寄稿したが、そのなかにつぎの文章がある。――

彼は二つの文明の間に難破《なんぱ》した。彼は日本人だと思っていたが、だれ一人彼を愛する日本人はなく、終始外国人として扱われた。

かなしい日本人モラエス！

どうしても日本人になれないことは、日本人にあれほど肉迫した彼自身が、一ばんよく知っていたかもしれない。

ユダヤ人は特異な風習と信仰をもち、世界各地に移住しても、民族意識を維持しつづけた。だが、各地に散ったユダヤ人のうち、中国にはいった一派だけは溶《と》けて消えた。シナゴーグ（会堂《かいどう》）もタルムード（律法《りつぽう》）も、またトインビーのいう『文明の化石』の断片も、中国にはのこらなかった。

これについては、中国の家族制度が、居心地《いごこち》がよかったからだという説がある。だが、前にも述べたような、血にたいする寛容も一つの理由ではあるまいか。

3　シンメトリー（相称性）

左右が必ず対《つい》をなす

前章に重いかんじの引用があったから、この章では軽い文章を再録する。楽観論の埋め合わせに、悲観論を持ち出す。――私のこんな態度は、どうやら中国人特有の『相称性《シンメトリー》』をよろこぶ性格から来ているかもしれないのである。

中国は文字の国だから、慶弔を問わず、なにかあると『聯《れん》』といって、左右に一行ずつの文章を書いたのを、門や壁に飾りつける。それは、きまって左右がなんらかの意味で、対《つい》をなしている。

詩聖といわれた杜甫《とほ》は、律詩《りつし》を得意としたが、この律詩というのは、八行詩のなかに対になった句を二組いれなければならない規則がある。

杜甫が何《か》将軍という人の別荘に招かれたときにつくった、十首の五言《ごごん》律詩から、アトランダムに例を引いてみよう。――

緑垂風折筍《じゅん》
紅綻《こうたん》雨肥梅
　緑の垂《た》るるは風が筍《たけのこ》を折りしもの
　紅《くれない》の綻《ほころ》ぶは雨が梅《うめ》を肥《こ》やせしもの

左右をみると、一字目の『緑』と『紅』は色彩名でペアをなしている。三字目の『風』と『雨』も、気象の語で対となる。最後の『筍』と『梅』は、どちらも植物名として対応している。

二字目の『垂れる』と『綻ぶ』は、どちらも自らの状態をいう語で、四字目の『折る』と『肥やす』は、どちらも他に加える動作をあらわす語である。

完全な左右相称なのだ。

将軍不好武
稚子総能文

将軍は武を好まず
稚子《ちし》も総《すべ》て文を能《よ》くす

将軍と稚子（青二才）は反対物でペアをなしている。『好む』と『能くす』は、おなじ嗜好《しこう》をあらわす語であり、最後の武と文はむろんよく熟した対である。

自笑燈前舞
誰憐酔後歌
自ら笑う　燈前《とうぜん》の舞《まい》
誰か憐《あわ》れまん　酔後《すいご》の歌

燈火の前で舞った姿を思い出すと自分でもおかしくなるが、ほかの所へ行けば、私が酔って歌をうたっても、誰もほめてくれるまい。——という意味で、つまり酒宴のシーンを詠《よ》んだ句である。

『自ら』と『誰か』は人称、『笑う』と『憐れむ』は感情の語としてペアである。『燈前』

と『酔後』は、前、後と応じている。『舞』と『歌』とが、歓楽の動作として対になっているのはいうまでもない。

『東』という語が出ると、反射的に『西』をその埋め合わせに考える。『春』と『秋』、『竜』と『虎』、『上』と『下』、『金』と『銀』、『万里』と『千載』。――中国人は、なにしろならべてバランスを取るのが好きである。

均衡《きんこう》のとれたものこそ〝中国の美〟

これは、さまざまな人種が陸つづきの土地で、複雑にからみ合っているうちに、和平に必要なのは妥協と譲歩であることを体得し、そのために、バランスをとる才能が養われたのであろう。

いろいろと説得をしても、

――Aはこうした。その埋め合わせに、Bにはこうしてもらう。……

といったたぐいの、均衡を保つための折衷《せっちゅう》が、けっきょく実際的に最も効果がある。

何千年のあいだ、中国人はバランスをとる作業をやって、『対句《ついく》』づくりの名人になってしまった。

漢詩にかならず対句にしなければならない規則があるのも、根ざすところは深いといわねばならない。

中国人にとって、均衡のとれていないのは『美』ではない。極端にバランスのくずれたのは、罪悪の部類にはいる。

ところが、日本ではこのようなシンメトリカルの美は、それほど高く評価されなかったようだ。

バランスがとれているのは、そこに人間の力が加えられているからである。日本人は人工の美をきらった。たとい人間の力が加えられていても、それを目立たせないように工夫する。

日本人はさりげないのが好きなのだ。どうも人間そのものにたいする評価も、大したことではなかったという気がする。

岡倉天心《おかくらてんしん》は日本独特の茶室のつくりを、アンシンメトリカルな住居、と表現した。

——不完全なものの崇拝に捧《ささ》げられ、それを完成するための想像力のはたらきのために、故意に、何かを未完成のままにしておく。

というのである。

天心は日本人の『不完全《インコンプリートネス》』好みを、禅《ぜん》の影響だとみたが、長谷川如是閑《はせがわにょぜかん》（一八七五―一九六九。ジャーナリスト。日本の自由主義普及に貢献。著書『ファシズム批判』など）は、日本固有のものとみて、その証拠に、出雲大社《いずもたいしゃ》の例をあげている。出雲大社の右に傾《かたよ》った階段と扉は、わざと完全さをそこねたとしか思えない。

地面にチリ一つ落ちていないほど、きれいに掃除するのは、日本ではかえってよろこばれない。人工が加わりすぎているからだ。そんなにきっちりと清潔にされた庭をみて、そばの木を揺すって、わざと葉を落としたという利休《りきゅう》（一五二二―一五九一。安土桃山時代の茶匠《ちゃしょう》。利休流茶道の開祖。『わび』『さび』の理論を完成。秀吉により切腹させられた）の故事は、いかにも日本的である。優雅ではあるが、人間の力をむくつけきものとする見方は、問題があるだろう。

第七章

〝人間くささ〟と〝ほどのよさ〟

――自殺ひとつとっても、これだけのちがいが……

1　羅敷《らふ》さんの歌

ふるいフォーク・ソングにみる〝形式主義〟

漢《かん》代の『楽府《がふ》』のなかで、私は、『日出東南隅行《にっしゅつとうなんぐうこう》』というのがいちばん好きだ。楽府とは中国のふるいフォーク・ソングである。私の愛誦《あいしょう》するその楽府の拙訳を、つぎに披露しよう。

お天道《てんとう》さまはのぼります東南の隅《すみ》
照らすはわれら秦《しん》氏の楼《たかどの》
秦氏には好《よ》い娘さんがいて
羅敷《らふ》と申します
羅敷さんは蚕《かいこ》と桑《くわ》の世話が好き
桑をつみます城南の隅

青い糸が籠《かご》のひも
桂《かつら》の枝が籠の鉤《かぎ》
頭は斜《なな》めに垂《た》らした倭堕《わだ》の髻《まげ》
耳には明月《めいげつ》の珠《たま》の飾りもの
あさぎ色の綾絹《あやぎぬ》のスカート
紫色の綾絹のブラウス
通りかかったおやじ、羅敷さんを見て
荷物をおろして、ひげひねる
若い衆は羅敷さんをみて
鉢巻《はちまき》はずしてベレー帽をかぶる
耕《たが》す人《や》は 犂《からすき》を忘れ、鋤《す》く人は鋤《すき》を忘れ
お家《うち》にかえってイザコザおこす
みんな羅敷さんにみとれたおかげ
折《おり》しも南からやって来たお殿様
五頭立ての馬車も足ぶみをするばかり

殿様は家来をつかわして
どこの家の別嬪《べっぴん》かとのおたずね
秦氏の評判娘の羅敷と申します
羅敷とやら、何歳に相成《あいな》るか？
二十にはなっていないが十五よりは上
殿様、羅敷さんに申すよう
どうじゃね、いっしょに乗って行かんかね？
羅敷さん前に出て答えます
殿様、あなたはほんとにおばかさん
あなたには奥方、あたしには旦那がいます
東方に千余騎の軍勢
その先頭にいるのがうちの人
うちの人って一目《ひとめ》でわかるの
白馬にまたがり、黒馬の家来衆ひき連《つ》れて
青糸をお馬の尻尾に結びつけ

馬の頭には黄金の飾り
腰には鹿盧《ろくろ》をかたどった剣
千両万両の値うちもの
十五で府《ふ》の書記、二十でお上《かみ》の官房長
三十で大臣さま、四十では一国一城の主《あるじ》
……………………

あとまだすこしあるが、あまり長くなるので省略する。

この詩を読んで気づくのは、別嬪《べっぴん》の羅敷《らふ》さんというが、どこをさがしても、彼女の美貌《びぼう》についての直接の描写がないことである。

彼女の髷《まげ》の形や、手にした籠《かご》の紐《ひも》や鉤《かぎ》、スカートやブラウスの色、装身具、あるいは彼女にみとれる男たちの動作に言及するだけで、肝心の容貌にはふれていないのである。

容貌もうわべのものであって、形式といえるだろう。が、それさえも描写せずに、形式のうえにかぶさった、間接の形式である髪型や服装などをけんめいにうたうのである。

読者の頭のなかに、『形式主義』ということばが浮かぶにちがいない。

これまで述べてきた一連のこと――いれずみと断髪という形式だけで、文明人からあっさりと野蛮人になれたこと、対句《ついく》づくりに精を出すことなども、形式主義ということでは、この羅敷さんの歌とつながっている。

中国人は面子《メンツ》を重んじるといわれるが、面子尊重は筋《すじ》を通すことで、やはり一種の形式主義といわねばならない。

中国人の〝形式主義〟は〝人間信頼〟から生まれた

中国人の性格構造の一つの大きな柱である『形式主義』の来歴を、すこし考察してみたい。――

宗教的な世界では、ものごとの表裏はぴったりとくっついている。いや、そこには表も裏もない。神が充満して、すきまがなくなってしまう。ところが中国では、人間至上の世界なので、神のかわりに、どこまでも人間が割り込んでくる。といって、人間は神のように接着剤の役をはたさない。

どんなことにも奥行《おくゆき》がある。宗教は霊の力によって、奥行を一挙に深く掬《すく》い取ろうとする。だが、宗教と縁の薄い中国人にとっては、奥行をきわめようとしてもキリのないことなのだ。とすれば、その表面にあらわれたものをとらえるしか方法はない。面子《メンツ》尊重も含めた中国の形式主義は、中国的無神論のとうぜん選ばねばならなかった道だといえよう。

さきの『日出東南隅行』に出てくる羅敷さんという女性の内面は、宗教的把握法でなければ、他人には届かない。それを届かせようと、中国人は形式のモザイクを組み立てるのである。

彼女がどんな女性であるかは、彼女を口説《くど》こうとした『お殿様』とのやりとりによってはじめて表現されると考えたのだ。手がかりはそれしかないと、頑固《がんこ》に信じている。

かりに彼女の内面の総量を百とした場合、彼女がことばで自分を表現できるのは、二十か三十であろう。衣裳や装身具で五か十を表現できるかもしれない。だが、すべてを表現し尽《つく》すことはできない。

表面にうかんだ三十か四十のもので、百のものをおしはかろうとするのが、中国的な方法論である。

中国人は、詩を最高の文学とみなす

中国人が文学のジャンルで、詩を最高のものとみなす伝統は、これに関連があるだろう。中国人の議論好きや説得好きは、三十か四十のものを百に近づける努力にほかならない。また中国人の推理好き（しばしば考証マニアという形であらわれる）も、こうした方法論の所産といえるだろう。

宗教的人間なら、ゼロから百をつかもうとする。中国人はゼロを『無《む》』として、なにも生み出せぬものと考えた。そうすれば、とうぜん具体的な数字をもったもの、すなわち『形式』『外面』が重視される。

中国人と腹芸《はらげい》で渡り合おうなどと思ってはならない。具体的な数字をもった話が、あくまでも最初の手がかりなのだ。それを要求されて、

――打算的だ。

などと言うのは筋違いである。

いくらかでも現物として存在するものを求めているのだ。腹芸などといって、ゼロの束《たば》をいくら積み上げられても、中国人は取り合おうとしないだろう。

2 人間さま

〝形式主義〟の極致《きょくち》が中国の仏教芸術

仏教が伝来すると、中国人は同時に将来《しょうらい》された仏像に、重大な変更を加えた。インドの仏像は、たいてい裸に近い。ふくよかな肉体のうえに、薄いすきとおった衣裳がかかっているていどにすぎない。

中国人はそれにぶ厚い衣裳を着せたのである。ぶ厚いだけではなく、左右にはねあがった、形式的で、ものものしいものだった。

これは仏教伝来初期の、北魏《ほくぎ》式仏像の特長といわれ、日本の夢殿救世観音《ゆめどののぐぜかんのん》などは、その最も顕著な実例であろう。これをおなじ五世紀のインドの仏像、たとえばマトゥラー博物館の有名な如来立像《にょらいりゅうぞう》などにくらべると、その相違は歴然とする。

インドは暑い土地なので、衣裳が薄く、華北は寒冷だから、仏像も厚い衣裳を着せられたのかもしれない。

しかし、七世紀の唐代の仏像が、やはり華北にあって、再び衣裳が薄くなったのはなぜか？　首都長安《ちょうあん》を中心として、唐代は国際化の盛んな時期であった。中国の形式主義が、物質、精神の両面における国際化で、いくぶん薄められたと私は解釈している。

インドの仏像は、たいそう官能的である。ホトケを精神の形骸《けいがい》である肉体によって表現したのだが、中国に伝来されると、形骸である肉体の、さらにその形骸である衣裳で表現しようとつとめた。

形式主義の極致とでもいおうか。

前にも述べたように、はるか先史の時代から、中国人は人間の力で自然をおさえてきた。それによって、人間はオールマイティーであるという、大へんな自信を持ってしまったようだ。夏禹《かう》や堯《ぎよう》・舜《しゆん》など治水の成功者は聖人といわれた。彼らの事業は神の力を借りなかった。したがって、中国人は神よりも聖なる人間をあがめるようになったのだ。

聖なる人間は、アダやオロソカにしてはならない。

肉体は人間の動物的な部分である。とすれば、それを彫刻などでみごとにつくるのは、人間にたいする冒瀆《ぼうとく》ではあるまいか。

中国の仏像を横からみたばあい、洗濯板《せんたくいた》のように痩《や》せている。もともとそれは、横から見てはいけないものなのだ。中国古代の彫刻師は、立体美などははじめから念頭になかったのであろう。

技術の稚拙《ちせつ》ではない。

青銅時代から、怪獣や怪鳥のもようを、かなりリアルにつくった中国人である。それなのに、仏像、そして人体像にかぎっては、できるだけ現実から遠ざかろうとしている。わざと下手につくろうとした、としかおもえないほどだ。

なるべく肉体をかくすために、衣文《えもん》に重点を置かれる、立体感は消したほうがよい。平面化とか、平面的というのは、『つまらない』の同義語とされているが、中国の芸術家が狙《ねら》ったのは、ほかならぬこの平面化であったらしい。

最高の芸術が『書』であるとされた国では、紙のうえにかかれたような、平面的な表現のほうがすぐれたとされる。これは『形式』の哲学の、とうぜんの所産であろう。

形式主義を裏がえせば無神論で、それを一枚皮を剝《は》げば、人間至上主義となる。

仏像の複雑な衣文は、たいてい左右にまったくおなじように流れている。シンメトリーのサンプルのように。

外来のものに加えた変更によって、その国の固有の性格がわかる。

インドから伝来した仏教関係の芸術品の中国化のなかに、いま中国の個性をみつけようとしたのだ。

日本の仏像は肉体の躍動を伝える

おなじように、日本に伝来した仏教関係の芸術品のなかに、日本的性格をとらえることができるだろうか？

初期のころ、飛鳥《あすか》・白鳳《はくほう》・天平《てんぴょう》あたりまでのものは、注意を要する。なぜなら、仏像そのものが、中国や朝鮮から渡って来たケースがすくなくないうえに、かりに日本で制作されても、帰化人《きかじん》の手になったものが多いからだ。

中国では唐を頂点として、仏像制作が振《ふる》わなくなったのに、日本ではだいぶ降《くだ》って、鎌倉時代にもういちど仏教彫刻の黄金時代を迎えている。制作者も帰化人ではない。しかも、この時代の作品は、人間の肉体の躍動を、真正面からとらえたものであった。

たったこれだけのことから、大胆な論断はできないかもしれない。

だが、前にも述べた事実。——日本には黄河などの荒々しい自然がなく、それにうち勝つ人間の英雄的な姿を見ていないことに、いささか関係がありそうだ。

人間というのは、そんなにエライものではない。――したがって、それほど畏敬《いけい》の念をもつこともない。だから、自由に人間の肉体を表現できたのであろう。

いも蔓《づる》式に、日本にそれほどひどい形式主義がはびこらなかったことも、ここでその理由の一部を再確認できるというものだ。

ゴッドもなければ、聖人もいない。――この日本の特殊な環境が、さまざまな特殊文明をうんだ。

これも、さきにふれたことの復習である。

しかし、『ゴッドがない』という点では、日本と中国は共通している。

すこしは共通点もみなければならないであろう。――

3　自殺の作法

自殺が〝形式〟である点で日本と中国は同じ

神の支配する世界では、自殺は許されない。生命は神から授《さず》かったものであり、人間が勝手に左右してはならない。しかし、中国でも日本でも、ゴッドは存在しない以上、人間が自分のことを自分で処理するのは、とうぜんのことだった。

神々が人間に似ていた古代ギリシャでは、自殺は肯定された。人間の力が偉大にみえたローマの黄金時代でもそうである。ローマ法は自殺を容認するばかりか、賛美さえする。だが、キリスト教の神が支配してからのヨーロッパでは、人間の生命はすべて神に帰《き》せられた。トマス・アクィナスの自殺犯罪説は、ヨーロッパの人間主義にトドメを刺したといえよう。

中国でも漢代――儒教の国教化の時代以降、罪をえた高官の自殺はかぞえきれない。一種の形式になってしまった。

武帝《ぶてい》の父の景帝《けいてい》のときに、副総理格である御史大夫《ぎょしたいふ》の鼂錯《ちょうそ》が腰斬《ようざん》の刑に処せられたが、これなどは、当時としては例外中の例外であった。

彼は各地の諸侯の領地を削《けず》って、中央集権の実《じつ》をあげようとしたが、それを怨《うら》んで『呉《ご》楚《そ》七国の乱』がおこった。叛乱軍《はんらんぐん》をなだめるために、彼は処刑されたのである。自殺をさされては、叛乱をなだめる力が弱いので、どうしても殺さねばならなかった。

『漢書《かんじょ》』の『鼂錯伝《ちょうそでん》』は、皇帝が彼の処刑をきめたとき、彼はそれを知らなかったと明記して、つぎのように述べている。

――迺《すなわ》ち中尉《ちゅうい》をして錯《そ》を召《め》し、紿《あざむ》いて市に載行《さいこう》す。錯は朝衣《ちょうい》を衣《き》、東市《ひがしのいち》に斬らる。

……

皇帝はなぜ彼をあざむかねばならなかったのか？

もし死罪とわかれば、彼は事前に自殺するにきまっていたからである。皇帝のお召しだとばかり思って、彼は礼服を着て出かけ、電撃的に東市で斬られた。

『史記』に、

――九卿《きゅうけい》にして罪せられて死するは即《すなわ》ち死し、刑を被《こうむ》るは少《すくな》し。

という文章がある。

三公《さんこう》九卿は閣僚である。『罪死即死』とは、罪がきまればただちに自殺したという意味で、そのため、実際には処刑はほとんどおこなわれなかったことがわかる。

漢の成帝《せいてい》の時代に、廃后《はいこう》が罪をえて自殺したことがある。『漢書』の『外戚伝《がいせきでん》』に、

――天子、廷尉《ていい》（法官）の弘光《こうこう》をした節《せつ》（命令書）を持し廃后《はいこう》に薬を賜《たま》う。自殺す。

と記している。有罪が決定すれば、それを通知する使者が、あらかじめ毒薬をたずさえて行く習慣があったとみえる。

それどころではない。漢の宣帝《せんてい》の時代の田延年《でんえんねん》などは、ある事件に連坐したが、使者の到来を告げる太鼓の音をきいただけで、自刎《じふん》（自分で首をはねて死ぬこと）して死んでいる。

自殺が形式化される。いったい、自殺も形式主義も、おなじ無神論の根から生えた樹木で、たがいに枝をからませ合うことになったのである。

これは日本でも中国でもおなじであるが、自殺の根源である『人間至上』について、両国のあいだに濃淡の差があり、それが死にざまの差になってあらわれているようだ。

三島由紀夫《みしまゆきお》の死には人間臭がない

作家・三島由紀夫は、一九七〇年東京・市ヶ谷《いちがや》の陸上自衛隊内で、隊員の蹶起《けっき》を促《うなが》すも果たせず、割腹自殺した。

三島由紀夫の自殺は、はたして自分の死を『皇国』の将来のために有効に生かそうとしたため――すなわち、人間としての努力につながる死であろうか？

どれほど三島由紀夫が『人間』を信じていただろうか？　――自分を信じる心は深かったが、ほかの人間をあまり信じていなかったのではないか？　彼には庶民の生活にたいする愛情が、決定的に欠けている。遺言《ゆいごん》ともいうべきあの檄文《げきぶん》に、生活する庶民のことがまったく言及されていないことでもわかるだろう。

ほかの人間を深く信じない人が、たとえば自分の死のあとの蹶起などを期待するはずはない。蹶起するのは、『ほかの人間』なのだから。

とすれば、彼の死は政治的な死ではなく、美学的な死、あるいは情調的な死というほかはない。

いさぎよさを美とすれば、人間臭を絶《た》った三島の死は、一種の美であろう。死に臨《のぞ》んでジタバタするのは見苦しいというのは、日本武士道の感じ方である。もちろん、従容《しょうよう》として死に就《つ》くことは、中国でも賛美されている。だが、じっさいには日本人の眼からみると、中国人がジタバタしているようにおもえるケースはすくなくない。

もっとも、処刑などにあたって、白刃が首に擬《ぎ》せられる瞬間に限っていえば、中国人のほうがあきらめがよいという説もある。

中国にはない〝辞世〟の風習

それはともかくとして、死ぬ前に『辞世《じせい》』をのこすという優雅な風習は、日本独特のものであろう。

中国語で『辞世』といえば、

――世を辞す。死ぬ。

という意味しかない。死に臨んで詠《よ》みのこす歌という意味はないのである。その意味を含む『辞世』は、和製熟語なのだ。

辞世はやはり美学的な死にふさわしい。歌をつくることも人間の営みに違いないが、どちらかといえば、もはや人間の力を見かぎった心境でつくられるのがふつうである。最後の最後まで、人間の力を信じるという、人間至上が徹底すれば、ジタバタするのがあたりまえであろう。

呉越《ごえつ》の争いでおなじみの、戦国時代の呉の名臣伍子胥《ごししょ》は、呉王に異心ありと疑われて、『属鏤《しょくる》』の剣を賜《たまわ》って自刎《じふん》した。死ぬ前に彼は叫ぶ。――吾《わ》が墓上に樹《う》うるに梓《あずさ》を以《もつ》てし、器（棺）を為《つく》る可《べ》からしめよ。吾が眼を抉《えぐ》りて、之《これ》を呉の東門に置け。以て越の呉を滅ぼすを観《み》ん！

これは毒づいたのである。

自分がいなければ、この呉の国もおしまいだ。そのとき、おれの墓に生えた梓で王の棺《かん》桶《おけ》をつくるがよい。おれの眼は呉の東門で、この国の滅亡を見とどけてやるぞ。――なんという人間くさい死であることか。

日本人の〝自殺〟は〝もののあわれ〟に通じる

これは自殺ではないが、孫呉《そんご》の兵法《へいほう》として孫子《そんし》とならべられる呉起《ごき》は、楚《そ》に仕えて大いに権勢をふるった。そのため、パトロンの悼王《とうおう》が死んだとき、呉起はこれまで自分が圧迫していた公族や大臣に攻められることになった。

このとき呉起は走って悼王の遺体のうえに伏せた。呉起を殺せと命じられた連中は、もちろん彼を追い、彼にむかって矢を乱射したのである。呉起はその矢で射殺されたのだが、とうぜん何本かの矢は、王の遺体にもつきささった。

太子が即位すると、呉起に矢をむけた連中は、新王によって一族誅殺《ちゅうさつ》された。理由は、先王の遺体に弓を引いたからである。

呉起は軍学者らしく、死ぬまぎわまで人間の力をふりしぼって、自分を殺す連中に復《ふく》讐《しゅう》する計略を立てたのである。いさぎよくはないが、それは最後の最後まで、人間の力を信じるからそうなったのだ。信じる心が薄ければ薄いほど、中途で努力が放棄されやすい。

それを悪いというのではない。ある意味で、それも美をうむのだから。

ここでは、日本人が中国人とおなじ無神論でありながら、人間の力を信じる心がやや淡《たん》薄《ぱく》であることに注目しただけである。

わるくいえば中途半端であり、よくいえば、それは『ほどのよさ』であり、計算できないところは、『もののあわれ』にもつながる。

おなじように自殺を肯定し、ともに自殺の多い国だが、そこにもおのずから相違がある。その由来は考えさせられるものがあろう。

4　政治すなわち文化

無意識のうちに対句《ついく》を用いる中国人

三島由紀夫で思い出したことがある。

外国育ちの人間は、二重生活をしていることになる。私の場合も、幼年時代の思い出は、日本の教科書の『ハナ、ハト、マメ……』と、祖父から素読《そどく》を受けた『三字経《さんじきょう》』の『人之初《ひとのはじめ》』がオーバーラップしている。

『日本のもの』『中国のもの』と、眼前の現象を分けて認識するのが、私の習性だった。共通のものもすくなくないが、あきらかに別ものとわかるのも多い。

そんなところで、私はしきりに「どうして?」と考える。

ある晩、私はふとこんな自分の習性が、推理小説を書かせたのではないか、と思った。

ある朝――こう書いて、私はこれは『中国のもの』だと気づいて苦笑した。さきほど『ある晩』と書いた。私は無意識のうちにバランスを考えて対句を用いたのだ。――余談

はさておいて、ある朝、新聞をひろげると、三島由紀夫、安部公房《あべこうぼう》、石川淳《いしかわじゅん》、川端康成の四氏が、

――中国の文化大革命は学問芸術の自由を侵《おか》す。

という声明文を発表したと報じていた。

昭和四十二年のことである。

私は反射的に、これはまぎれもない『日本のもの』だと思った。

私は本書では、版元《はんもと》の意向に強硬に抵抗して、時事のことをあまり取り上げないできた。もちろん、時事も重要なことだが、眼前の問題を追うあまり、水面にうかんだ屑《くず》や泡《あわ》を掬《すく》い取るだけに終わるのをおそれる。もうすこし深いところから、ものごとを汲《く》みあげたいと念じたのだ。

それはともかくとして、私はここで文革を批判しようとするものでもなく、それを批判した四氏の声明文を批判するつもりもない。

日中両国の相違点の一つの例として、四氏の声明文に登場していただきたいのである。

――学問芸術を終局的に政治権力の道具とするような思考方法に一致して反対する。

という言葉で、四氏の声明文は結ばれている。

学問芸術、文化を、政治権力と対立するもの、すくなくとも離れたものとみる考え方は、きわめて日本的である。

中国の政治理想は、『礼楽《れいがく》の治《ち》』であり、礼楽はすなわち文化のことなのだ。

——郁々乎《いくいくこ》として文なる哉《かな》。　『論語』

と孔子《こうし》が言ったのは、周の政治をたたえたのであり、政治すなわち文化であるという前提に立つ。

どちらがどちらを道具にするという関係ではなく、ひきはがせない血肉の関係と認識されていた。

文化活動は遊戯ではない

人文主義、あるいは文化至上主義という言葉は、なにか甘美《かんび》な響《ひび》きがするが、じつはそうではない。

文化と政治がひきはがせない以上、別種の文化を導入しようとするとき、それは手のきれいなサロン活動ではなく、血なまぐさい政治活動とならざるをえない。

つまり、政体改変につながる。

自分のからだのすみずみまで通っている血管を食いやぶろうとする別種の血液にたいしては、その政体は死を賭《と》して戦おうとする。挑《いど》むほうも必死である。

文化活動は遊戯ではない。

中国の歴史は、われわれの前に、血にまみれた文人の長いリストをつきつける。

日本人になじみぶかい名前に、自殺した屈原《くつげん》や、『正気《せいき》の歌《うた》』の文天祥《ぶんてんしょう》がある。きらびやかな美文で飾られた六朝時代でさえ、『曲水詩序《きょくすいしじょ》』の王融《おうゆう》が殺され、丘巨源《きゅうきょげん》も譏刺《きし》（そしり）のゆえに殺された。『二百年来、この詩なし』と謳《うた》われた謝朓《しゃちょう》は獄死した。明《みん》の太祖によって、天才詩人高青邱《こうせいきゅう》が腰斬棄市《ようざんきし》（胴を切りはなして市にさらす刑）されたことはよく知られているが、同時代の徐賁《じょひ》、楊基《ようき》は獄死し、張羽《ちょうう》は追いつめられて自殺している。

文化人皇帝の見本のようにいわれる清《しん》の乾隆帝《けんりゅうてい》でさえ、『堅磨生詩鈔《けんませいししょう》』の作者胡中藻《こちゅうそう》を殺した。刑は死体をバラバラにする『凌遅《りょうち》』と決定したが、文化人皇帝の詩人にたいする同情は、その刑を『斬《ざん》』にかえることで、わずかに示されただけだ。

胡中藻がその詩に、国号である『清』のうえに、『濁』の字をつけたとき、それ相応の覚悟があったにちがいない。あえてそんな冒険をしたのは、彼が詩文の力を信じていたからではあるまいか。

文章は経国《けいこく》の大業

中国の文人が、ほとんど例外なく政治的になることを、日本ではにがにがしく思う人が多いようだ。しかし、それは、

――文書は経国の大業にして不朽《ふきゅう》の盛事《せいじ》なり。

という言葉を、中国の文人がいまだに空疎《くうそ》な修飾語とみていないからである。

――芸術は無頼漢《ぶらいかん》でよかろう。

と川端康成が言ったことが新聞に出ていた。

おなじような気持がのぞいている。

無頼漢とはヤクザで、役立たずである。芭蕉《ばしょう》が俳諧《はいかい》を、『夏の炉《ろ》、冬の扇』といったのもおなじ意味であろう。

冬の扇は生活の役に立たない。生活につながる政治とも無関係である。文学もそのようにして、政治の外にあった。これは日本文学の伝統であるが、それが現在までたしかに続

いている。

平安朝時代の日本で最も愛読された中国の詩人は、白居易《はくきょい》であろう。『文集《もんじゆう》』といっただけで『白氏文集《はくしもんじゆう》』を指すほどだ。白居易は自分の詩を諷諭《ふうゆ》、閑適《かんてき》、感傷および雑律詩《ざつりつし》に分類した。一ばんあとのものは、詩形による分類だが、その前の三つはいずれも韻律《いんりつ》その他に拘束されない古詩である。

諷諭詩は、政治批判、社会批判である。政治の混乱や支配階級の堕落を諷刺《ふうし》し、人民の苦しみに同情を寄せた詩のことである。

閑適詩は、引退したり病気療養などで、閑《しず》かに居るときに、『足《た》るを知り和《わ》を保ち、情性を吟翫《ぎんがん》する』詩である。つまり、テーマを私生活にとったものだ。

感傷詩は、ある事象に触発されて、情理の内に動くものを詠《よ》んだ詩で、著名な『長恨歌《ちょうごんか》』や『琵琶行《びわこう》』がこれに属する。

ところが『倭漢朗詠集《わかんろうえいしゅう》』におさめられている白居易の名句百三十八条は、閑適詩でなければ感傷詩であって、諷諭詩はほとんどはいっていない。

これによっても、日本文学が政治との接近をいかに嫌ったかがわかるだろう。

時代が降《くだ》って、武家政治が長くつづくと、日本はますます『尚武』の国となった。もともと戦闘集団的性格の濃い国であったから、文章は経国の大業などではなく、ひっそりと営まれるもの、という観念がうまれたのであろう。『方丈記』や『徒然草』のような隠者の文学が、文章の本道として、現代の私小説まで流れおりている。

しかも、明治の開国が、その観念を訂正しなかった。

開国後、どっと流れ込んで日本の後進性をはっきり示したのは、おもに西欧の技術面についてのことだった。おくれを取り戻すために、国をあげて洋化の大行進が鳴り物入りではじまった。

和魂洋才という体裁のよい言葉は、技術の洋化を奨励し、魂《たましい》、つまり精神面はそのままでよいという意味だ。

すぐれているから、そのままでいいというのではない。精神文化はその優劣が、技術産業ほどはっきりと眼にみえないし、とくに文芸の部門は言語の相違という事情もある。

技術の洋化は、種子島《たねがしま》の鉄砲以来の伝統をもつ日本では、ただちに富国強兵に結びつき、その大行進からはみだした作家たちは、ますますアウトロウ意識を深めた。

日本文学の姿勢は、反体制というよりも、体制の外がわにかがみ込むというふうになりがちだった。

中国では人文主義、文化至上主義が、武《ぶ》を軽んずる気風を、必然的に生んでいる。

――好《よ》い鉄は釘《くぎ》に打たず、好い人は兵隊にならぬ。

という有名な俗諺《ぞくげん》にも、それがあらわれている。

的《まと》はずれの日本人的心情

局地戦は別として、国運を賭《と》して戦われる大戦争になると、中国ではかならず文官《ぶんかん》が最高司令官に任命された。

軍閥の元祖のようにいわれる袁世凱《えんせいがい》も、軍人ではなく、書記あがりの文官であった。累進して巡撫《じゅんぶ》や総督になった文官が、兵権も掌握する制度なのだ。曾国藩《そうこくはん》や李鴻章《りこうしょう》もそうであった。

中国でいう文官は、シビリアンと訳すのは適訳ではないようだ。ウイットフォーゲルはこれを『非軍事階層』と呼んだが、私はいっそのこと、『文学者である官吏』と考えたほうがよいようにおもう。

彼らは難しい科挙の試験に合格し、かならず詩を作った人たちである。創作は一つの世界をえがき出すことであり、そうしたビジョンをもつ文人を尊重し、職業軍人をたんなる戦争技術者として軽んじたのだ。

それほど文人が重んじられ、文章の力が信じられた世界では、文学者が無頼漢でいるわけにはいかない。いや、無頼漢になってもよいが、彼はそのことで殺されることを覚悟しなければならない。明《みん》の李卓吾《りたくご》は忠臣、君子といわれた連中をこきおろし、既成のモラルに反抗したけれど、それによって自分の著作が焼かれることを予想し、あらかじめ著書に『焚書《ふんしょ》』（焼かれる本）という題をつけた。そして、自分が処刑されることも覚悟した。けっきょく獄中にて自殺したけれど、殺されたのもおなじである。

近代でもおびただしい数の文人が処刑されている。

魯迅《ろじん》の愛弟子で、『瘋人《ふうじん》』の著者であった柔石《じゅうせき》が銃殺されたのは一九三一年で、同年に『少年先鋒《しょうねんせんぽう》』によった文学者李偉森《りいしん》も銃殺された。『流亡《りゅうぼう》』や『家信《かしん》』など農村を舞台にした名作をかいた洪霊菲《こうれいひ》は一九三三年に北京で逮捕されて処刑された。『乱弾《らんだん》』の著者である瞿秋白《くしゅうはく》が福建で銃殺されたのは一九三五年のことである。終戦の翌年、昆明《こんめい》で暗殺された詩人聞一多《ぶんいった》は、それが政治的な処刑であることを疑う者はいないだろう。

政治の体系はすなわち文化の体系であり、それだけに作家の活動は政治の核心にかかわり合っている。どの作家も、命を賭《か》けることぐらいは、ふだんから覚悟のうえなのだ。東方の隣国の文人たちが、中国の文人をあわれんで声明文を出した。遺憾《いかん》ながら、大きな的はずれである。

中国では、文人が政治家であるということでも、文学は政治とつながっている。

その違いを理解すること、これが最低の条件

日本では、『古今《こきん》』や『新古今《しんこきん》』に歌をのこした摂政《せっしょう》関白はすくなくないが、彼らは歌人であったから政治家になったのではない。歌や文章の試験に合格したのではなく、門閥（血）によって廟堂《びょうどう》に連なっているのだ。だから、文学はたやすく政治と切り離される。

それでなくても、日本人の眼からみると、政治は人間の営みのむきだされる部門で、

――世をむさぼるわざ。

と意識される。家屋における煙突のように、なるべく目立たせないほうがよい。

太陽の光でさえ、むきだしのそれはあさましいとされ、障子《しょうじ》の紙によって中和された光が好まれる。

政治への信頼度が低いというよりは、好き嫌いの次元で、顔をそむけられたのが、日本

の政治だったのではあるまいか。現代のように、政治が毛細管のように、われわれの日常にはいりこんでくる時代でも、日本人はともすれば政治を白眼視しようとする。政治にたずさわっている人間を揶揄《やゆ》することにかけては、日本人はいまでも世界で一ばん熱心でかつ痛烈である。

これからは、すでに述べたことのくり返しになる。――

生きることで、頼りにしなければならない目盛《めもり》が百あるとする。

中国の場合、そのうちの九十が人間であるとすれば、日本の人間依頼度は五十を割るかもしれない。残りの五十は、本来なら『神』で補塡《ほてん》されるべきものだが、日本人はそこに美意識をはめ込んだ。

もののあわれである。

日本人において、文学がかかわりをもつのは、おもにその『もののあわれ』であって、むきだしの政治はその反対物として、むしろ切り離されたほうがよい。

白居易の詩文を愛好しながら、平安の教養人は、そのなかの政治的な諷諭詩だけは拒否した。日本の体質としては、そうならざるをえないのだ。

三島由紀夫たちの日本的心情は、このようなけがれのない学問芸術が、あさましい政治に汚染されるばかりか、あまつさえそれに恫喝《どうかつ》されているように思えたのであろう。

いずれにしても、彼らの声明文は、日本と中国の相違点を拡大してみせてくれた。日本人には、三島たちの声明文の趣旨はしごくあたりまえのことで、異議のある人はすくないであろう。

だが、中国人にとっては、文学者が政治の渦《うず》に巻き込まれるのが、しごくあたりまえのことなのだ。かりに弾圧を受けたとしても、当人はとうぜんのことと受けとめているにちがいない。

善《よ》し悪《あ》しという比較の問題ではない。持って生まれたものを変えよ、と要求するのでもない。もし近づきになるつもりがあるのなら、最低の条件として、相手がこちらと違う点を理解すべきだというのである。

第八章

われら隣人

——長短相補《あいおぎな》う国家、そこに摂理が……

1 名《な》と実《じつ》

顔をふくとき、タオルを動かすか、あるいは……

実を取って名を捨てるか、名を取って実を捨てるか。——双葉山《ふたばやま》が強いか大鵬《たいほう》が強いか、に似た子供っぽい設問であるが、わかりやすく、どちらかに割り切ってもらおう。

日本人は前者で、中国人は後者である。

そういえば、物言《ものい》いがつくかもしれない。

だが、能率主義の軍事的集団員である日本人は、名と実をならべられると、ためらわずに『実』をえらぶ。それがわるいというのではない。勝つか負けるか、ギリギリの線を行く集団であれば、そうしなければ生きのびることはできないのだ。

終戦直後の世相をみれば、思い半ばにすぎるだろう。

天皇陛下万歳が、一夜にして民主主義であり、鬼畜米英は、一転してハローになった。

明治維新のときもそうである。廃仏棄釈《はいぶつきしゃく》で奈良のお寺の僧侶《そうりょ》に、明日から春日《かすが》神社の神主《かんぬし》になれと新政府から命令が出ると、「はい」と、そのとおりにして、仏像を風呂の焚《た》きつけにしてしまったという。

歴代幕閣の首班を出す井伊《いい》藩では、幕府の旗色《はたいろ》わるしとみると、ほとんど反対者もなく勤皇方になってしまった。

信長《のぶなが》から秀吉《ひでよし》、そして家康《いえやす》へ。——当時の政権交替にあっても、織田恩顧《おんこ》、豊家《ほうけ》恩顧の諸将も、右へならえで、あっさりとなびいてしまった。

さらにいえば、現代の日本の政界もだいたいおなじではあるまいか。

もし『名』が尊重されるようなことがあるとすれば、それは『実』を取るためのワン・クッションであるか、あるいはそのための手段ということが多い。

仏教でもそうである。中国の天台教学《てんだいきようがく》は、理法に即《そく》した真理、すなわち『理円《りえん》』を重んじるが、それが日本にはいると、事象に即した真理『事円《じえん》』のほうが重視される。道元《どうげん》も白隠《はくいん》もそうであった。

理が名で、事が実であると、かんたんに置き換えられないが、事情は似ている。

理法にはきまった経路があるが、事象は刻々と変化するものだ。『名』があるていど固定しているのに、『実』のほうはうごく。

洗顔のとき、日本人はタオルを顔にあてて、タオルをうごかす。中国人はタオルを固定させて、顔のほうを動かす。——これは例外の少なくない習性であるが、やはり性格の差というものがあらわれているようだ。

日本人はタオルのような『物』をうごかしたり、使ったりするのが上手である。中国人はそのような道具さえ固定させてしまう。

中国人が最も信頼するものは〝歴史〟

中国人が最も固定しているものとみて、それにならなら、自分をすっかり預けてもよいと考えているものは何であろうか？　キリスト教徒なら、それは『神』のはずである。神にも代わるべきもの、中国人の魂《たましい》のよりどころというべきもの。——それは『歴史』ではあるまいか。

書かれた歴史、これから書かれるであろう歴史を、人間生活そのものとして尊重する。大袈裟《おおげさ》にいえば、歴史に記録されなかった人間は、生きていなかったのとおなじである。歴史に書かれなかった行動は、そんな行動がなかったのとおなじだ。——中国人の心理の中には、そのような歴史主義がひそんでいる。

司馬遷《しばせん》は『伯夷伝《はくいでん》』の論賛《ろんさん》として、彼のような隠士《いんし》はほかにもいたのだが、多くは名が消えて今では称賛されないことを述べ、

——悲しい哉《かな》。

と、ほんとうに悲しげに結んでいる。

——青史《せいし》（歴史）に名をとどめる。

これが男子の本懐《ほんかい》なのだ。

まだ志を得ない書生は、

——千年の史策《しさく》、無名を恥ず。

と、自分を励《はげ》ましたものである。

歴史を絶対視する一つのエピソードを紹介しよう。

春秋時代、斉《せい》の国の実力者崔杼《さいじょ》が、主君の荘公《そうこう》を殺した。これは紀元前五四八年のことである。

このとき、斉の史官は、

——崔杼、其《そ》の君を弑《しい》す。

と記録した。

崔杼は怒って、その史官を殺してしまった。すると、史官の弟が兄のあとをついで、おなじことを書いたので、崔杼はまたそれを殺した。

史官にはまだもう一人弟がいた。当時は官職が世襲であって、一族がおなじ仕事に就《つ》いていたようだ。その弟も政府の記録におなじことを書き入れた。

さすがの崔杼もあきらめてしまった。

一方、地方にいた史官が、中央の史官がことごとく殺されたという噂《うわさ》をきいて、記録用の竹簡《ちくかん》を抱いて都へ急行した。事実を書きとめるためなのだ。

しかし、最後の史官がすでに記録したときいて、安心して田舎にひきあげた。——

これは『春秋左伝』にのっている。

筆を曲げるよりは、死をえらぶという、勇気のある歴史家の物語として、よく引用された史実である。

殺された史官、死を覚悟しても記録しようとした史官、あるいはわざわざ田舎から駆けつけた史官たちは、たしかに職務に忠実な人たちであった。

しかし、このエピソードから、われわれはそうした修身的教訓だけを教えられるのではない。

歴史が中国人にとって、どういう意義をもっているか、このエピソードはそれを如実《にょじつ》に告げている。

“清《しん》”の歴史が編纂《へんさん》されるのはこれから

なにが間違っていてもかまわないが、歴史だけは誤謬《ごびゅう》は許されない。なぜなら、それは人間がすべてを托すものだからである。

歴史は人間にとって、神聖な土俵である。それが歪《ゆが》んでいては、はじめから勝負ができないではないか。

現実的といわれる中国人が、ときに不可解と思える行動に出るのは、たいてい『歴史』を意識したのだと思えば間違いない。

『史記』を筆頭とする正史は二十五史であるが、このうち『新元史《しんげんし》』などは二十世紀になってから完成したものだ。じつに王朝滅亡五百年を越える。

今年（昭和四十六年）は辛亥《しんがい》の年だから、清朝が滅びてちょうど六十年になるが、正史の清史はまだ編纂されていない。文化大革命で批判を受けた『三家村札記《さんかそんさつき》』のなかに、そろそろ清朝の正史を編《あ》もうという提案があった。明史のごときも、百年以上かかってできたのだから、清史が書かれるのがとくに遅いわけではない。

だから、現在の自分およびそのまわりを歴史に書くのは、いまそのあたりで万歳、万歳と叫んでいる連中ではない。政権がなんども交替して、自分にたいして情け容赦もない後代の学者が担当するものだ。

政治的人間は、そのような歴史を意識する。

キリスト教徒が、『神かけて……』というところを、中国人は『歴史にかけて……』というだろう。

歴史尊重主義が極端になると、まちがいなく形式主義になる。

しかし、この形式主義があったからこそ、中国は一つにまとまってきたのだ。どんなに混血しても、外来の侵略者がかきまぜても、中国人意識――中国の文明を奉じるという形式さえ整っておれば、それを中国人と認めてきた。

かつて中国が帝国主義列強の餌食《えじき》になっていたころ。

――中国は国家ではなく、ただの地域の称呼《しょうこ》にすぎない。

という発想法から、しきりに中国分割論が唱えられた。

中国の歴史でも、三国分立の時代もあれば南北朝もあった。だが、そのような分裂の時代の人たちも、それをけっして常態とは思わなかった。

——ほんとうは一つの国だ。

という精神の形式主義を守ってきた。

『二つの中国』を、中国人が嫌悪《けんお》するのは本能的なもので、それは列強の切り取りご免《めん》時代の、にがい記憶につながる。

満洲族が政権を取って、人民に辮髪《べんぱつ》を強制したとき、それを拒《こば》んで何万という人が殺されていった。髪型は形式であるが、そのために人は死ぬことができる。

中国人は現実的かもしれないが、けっして実利的な人間ではない。かんじんのところでは、むしろ実より名を取る。——後代の歴史家の筆を意識するときがそうなのだ。

2 竜《りゅう》と鳳《ほう》

中国人はキャンペーン型民族か？

気にかかる観察をする人がいる。

イザヤ・ベンダサンという人が、『日本人とユダヤ人』という本のなかで、——毛沢東《もうたくとう》のことを考えると、彼は、孫文《そんぶん》が流砂《りゅうさ》の民と評したこの民族を、一つのキャンペーン型民族にかえようとしているかに見える。端的にいえば、中国人を日本人に改造しようとしているのであろう。

と述べている。

キャンペーン型民族というのは、『追いつけ、追い越せ！』とか『打倒××』といったスローガンで突進する——いや、もうそのようなスローガンの必要さえなく、あるいは独裁者の指導もなしに、全員一致して同一行動の採《と》れる民族のことである。

なにか変えなければならないときは、中国人なら何年もかかって説得運動をするだろう。これがもし日本であれば、軍扇《ぐんせん》のひと振りで解決される。

では、中国的な方法で、中国人を日本人に変えようとするのか？

ベンダサンの思いすごしである。

中国ではむかしから、アウタルキー（自給自足）が理想であった。

十八世紀の末に、通商条約を結ぼうとして北京までやってきたイギリス使節にたいして、乾隆帝《けんりゆうてい》は、

——天朝は物産豊盈《ほうえい》、有《あ》らざる所なく、原《も》とより外夷（外国）の貨物に藉《よ》って有無《うむ》を通ぜず。

という勅諭を与えて追い返した。

なんでもあるのだ。——いまは失われているかもしれないが、かつては何でもあったというのが、現在でも中国人の信念である。だから、お手本も外国に仰《あお》ぐことはない。中国人は自分たちを改造しようとするときも、モデルはもともと自分のうちにあったものからえらぶだろう。

戦後暗殺された聞一多《ぶんいった》という詩人は、古代史家でもあったが、彼の論文をみると、中国では、むかし竜《りゆう》の部族と鳳《ほう》の部族とが、交替して政権の座についた、といった意味のこ

とが説かれている。

竜的人間に鳳的性格を呼びさました毛沢東

竜はおなじみの、あの怪奇な想像上の獣《けもの》である。鳳もまた想像上の鳥だが、形状はそれほど怪奇ではない。鳥類図鑑に鳳がまぎれこんでも、ついうっかりと見すごしてしまいそうだ。が、もし動物図鑑に竜の絵がはいっておれば、小学校の子どもでも、

――こんなのは動物園にもいないや。

と、ただちに指摘するだろう。

怪奇な『竜』の部族はおそろしく、実在の鳥とあまり異ならない『鳳』の部族はおとなしいのか?

いや、じつはその正反対なのだ。

竜も鳳も、もとは部族のシンボル・マーク、すなわち民族学でいうトーテムであろう。いまでも未開の社会では、自分たちを犬の子孫だとか、馬の子孫だなどと信じて、その絵を神聖なシンボルにしている例がある。

部族のあいだで戦争がおこる。犬の部族が馬の部族に勝てば、後者はおのれのシンボル

を失い、犬の旗じるしの下で、奴隷《どれい》などにされてしまう。ところが、両者がそれほど激突せずに、あるていど妥協するなら、犬と馬の混血種のような別の動物をシンボルに採用して、たがいに共存をはかろうとするだろう。

竜の図をよくみると、頭は馬であり、そこに生《は》えている角《つの》は鹿である。からだは蛇であり、足の爪は犬らしい。全身のウロコは魚類のものなのだ。つまり、馬、鹿、蛇、犬、魚など、さまざまな種類の部族が、相手のシンボルを消滅させるほどの、はげしい戦争をせずに講和し、その結果つくられた連合旗が、ほかならぬ竜であった。平和的連合のシンボルであるから、これはけっしておそろしいものではない。

それにくらべると、鳳は実在の鳥といってよいほどすっきりしている。すっきりしているのは、妥協を排して、まっしぐらに突進してきた結果ではあるまいか。犬の部族を征服すると、犬の痕跡《こんせき》を完膚《かんぷ》なきまでに消し去る。蛇の部族を負かすと、蛇らしいものは踏みにじってしまう。それで、おのれのもとのすがた――『鳥』を保ってきたのである。このほうこそおそろしいのだ。

『竜鳳』とならべて、中国では皇帝のシンボルのようになった。皇帝の顔を『竜顔《りゅうがん》』といい、皇帝の乗り物を『鳳輦《ほうれん》』と称する。聞一多の説によれば、夏《か》王朝は竜族で、殷《いん》王朝は鳳族であったという。農耕民族が竜で、遊牧民族が鳳であるともいえよう。

地理的には――これは異論もあるだろうが――大雑把《おおざっぱ》にいって、南方は竜で、北方は鳳である。きびしい作法を強調する儒教の孔子《こうし》は鳳で、人びとの自由をたっとぶ老子《ろうし》は竜である。げんに孔子は老子に会ったあと、『竜を見た』と言っている。楚《そ》の狂者の接輿《せつよ》が孔子のそばを通りすぎるとき、『鳳よ、鳳よ、何ぞ徳の衰えたる……』と呼びかけることが、『論語』の『微子篇《びしへん》』にみえる。

これも一般論であるが、中国的性格として、いま表面にあらわれているのは、おもに妥協によって怪奇な形になった『竜』的性格である。しかし、妥協を知らぬ『鳳』的性格がかくされていることも見おとしてはならない。

ベンダサンのことばは、つぎのように言いかえるべきだ。

――竜的性格の強いいまの中国人に、鳳的性格を呼びさますように働きかけた。……

なぜ日本では根底的な変革がないのか

戦闘集団は滅びやすい。中国史上にあらわれる塞外《さいがい》民族の運命がそうだ。あとどうなったのか、わからないのがすくなくない。

ひとり日本は戦闘集団の形をのこして、今日まで生きのびてきた。最大の理由は、掠《りゃく》奪《だつ》や遊牧でなく、農耕に生活の基盤を置いていたからであろう。

蒙古などは、元《げん》朝をたてても、百年も中国統治がつづかなかった。満洲族の清《しん》が二百数十年と、かなり長く続いたのは、彼らが豚を飼っていたからだ。そのために、満洲族は遊牧民族のなかで、『豚飼い』と、鼻つまみにされていた。羊を飼えば脚《あし》が速く、移動はかんたんである。だが、豚はノロノロしていて、豚の大軍を率《ひき》いての移動は、考えただけでもうんざりする。だから、移動がすくなくなる。つまり半ば定着した生活をしていたのだ。これが、のちに王朝をたてて定着生活をするうえでも、大きなプラスになったのだろう。

西方でも、漁業を営んでいたセルチュク・トルコの国家が、蒙古諸汗国《かんこく》より長くつづいたのがそれに似ている。河の漁《りょう》であるが、漁場はきまっているので、純粋の遊牧民よりは定着性があったわけだ。

豚飼いや漁業にくらべて、農耕はさらに定着性が強い。

農耕が日本を今日まで支えてきた。

長つづきしたということは、さきにのべた日本人の『保存の天才』を養《そだ》てた一つの要素だが、それがすべてではない。

正倉院御物《しょうそういんぎょぶつ》がのこっていることは、日本という国が今日までのこっているだけではなく、根こそぎの破壊がおこなわれなかったという条件が必要である。

大流血がすくなかった。

海のおかげで、異民族との戦いがなかったのも大きな理由であろう。

ほかにも、考えられる理由がある。

戦闘集団にとって、なにが大切かといって、団結より大切なものはない。

軍扇のままに動くから強いのだが、もしそれを振る人がいなくなればどうなるのか？

指揮者は失敗することがある。失敗した指揮者は追放されるだろう。そんなときは、すぐにかわりの人がみつかる。だが、その人をみつけ、それに実権を授けるのは誰であろう？

有機的であればあるほど、戦闘集団はこのようにして絶対的な権威をもつ首長を必要とする。

それは、失敗することのない、けっして追放されることのない——という条件をあてはめると、シンボル的存在とならざるをえない。

『魏志倭人伝《ぎしわじんでん》』を再びひもとこう。有名な女王のくだりである。——

其《そ》の国、本《も》と男子を以《も》って王と為《な》し、住《とど》まること七、八十年。倭国乱れ相攻伐《こうばつ》すること歴年、乃《すなわ》ち共に一女子を立てて王と為す。名づけて卑弥呼《ひみこ》と曰《い》う。鬼道《きどう》に事《つか》え、能《よ》く衆を惑《まど》わす。年已《すで》に長大なるも夫壻《ふせい》無く、男弟有り、佐《たす》けて国を治《おさ》む。……

卑弥呼というのは、絶対的、そしてシンボル的首長である。彼女は紛争をしずめ、『団結』を守るために立てられたのだ。

それを佐《たす》けて国を治《おさ》めていた男弟というのは、扇を振る人物にほかならない。白鳥庫吉《しらとりくらきち》博士は、卑弥呼は『みこ』で、男弟は『かんなぎ』であるとした。おなじ関係は、日本歴史でも、

天照大神《あまてらすおおみかみ》と天児屋根命《あめのこやねのみこと》、建御雷神《たけみかずちのかみ》
神功《じんぐう》皇后と武内宿禰《たけのうちのすくね》
推古《すいこ》天皇と聖徳太子《しょうとくたいし》
斉明《さいめい》天皇と中大兄皇子《なかのおおえのおうじ》

と類例は多い。

それが構造化されて、天皇と摂政関白、天皇と幕府などの関係にまで伸びている。一方はシンボルであり、一方は扇振りである。一方は追放されることのない絶対者であり、一方はなにかあれば失脚するかもしれない身分である。日本に変革がなかったわけではない。だが、それは絶対者には及ばないような機構になっている。だから、ひっくり返しは、根もとからおこなわれない。

そのようなひっくり返しをした人がいないということは、超人的英雄が出現しにくいということであり、変革のスケールが大きくないことなのだ。

根こそぎの破壊がそれによって防げたので、中国の亡佚《ぼういつ》した本が日本でみつかったり、正倉院御物がのこっていたりするのである。

人間の力をもってすればすべてが可能

話をこの前に途切れたところから導入することにしよう。

自殺のことである。

高官が処刑されずに自殺するのは、伝統的な形式であったが、漢の武帝《ぶてい》は、これにいささかの訂正を加えた。

——大臣罪《つみ》有らば皆自殺し、刑を受けず。武帝の時に至りて、稍《や》や獄に入らしむるは、寧成《ねいせい》より始まる。

『漢書《かんじょ》　賈誼伝《かぎでん》』

とあるように、寧成は九卿の身で、頭を剃《そ》られ首枷《くびかせ》をはめられる刑を受けた。漢の武帝はこのほか公孫賀《こうそんが》など三人の丞相《じょうしょう》を処刑または獄死させている。

大臣を処刑しないという『形式』を、武帝はうち破ったことになる。

人間の力をもってすれば、どんなことでもできる。怒り狂った黄河の水もしずめることもできる。——この人間の力にたいする過信が、中国の人間至上主義を生む。

だが、すべての人間に無限の力があるわけではない。聖人または皇帝（古代においては、この両者は一致していた）にして、はじめてその力が与えられる。漢の武帝は、このようなウルトラ人間主義——皇帝的人間主義の権化《ごんげ》だったといえよう。

人間主義の生んだ『形式』さえ、人間の力によって粉砕できるのだ。

人間の力をこれほど大きくみたが、それにたいする怖れもあった。絶大な力を集めた皇帝の暴走などはとくにおそろしい。

聖人が帝王であるあいだはよかったが、かならずしもそうではなくなった。覇王《はおう》続出の時代に、それをチェックする思想があらわれたのはとうぜんであろう。孟子《もうし》である。

彼は人民が最も貴《とうと》く、社稷《しゃしょく》（国家）がそのつぎで、君主はまだそのあとだ、と説いた。

これは革命容認の思想であり、皇帝的人間主義に歯止めしたのにほかならない。『孟子』を積んで日本へ来る船は、かならず沈没するという言い伝えがある。日本は権力の二重構造で、ちゃんと歯止めがうまくいっているのに、そこへ革命思想という別の歯止めなど不要であろう。

日本が安泰なのは、二重構造の一方が絶対であるからだ。その絶対性を揺るがすかもしれないので、革命容認の思想はとくに危険とみなされる。

武帝以後は、儒教の影響によって、人間至上の色あいがさらに濃くなる。と同時に、それがウルトラ人間主義となって、皇帝の権力も強化された。

武帝は儒教を採用することで、皇帝の独裁体制をつくりあげたつもりであろう。だが、その下に、おなじ儒教のもつ革命思想という爆弾を埋めたことにもなる。

長短相補う国家、日本と中国

一人の人間にすべての力を集めて、その体制を維持しようとする皇帝的人間主義。そして、圧《お》し潰《つぶ》されようとしたときには、人間性を回復するために、体制を砕《くだ》こうとする人民的人間主義。——この二つの人間主義が、神様を棚上げして、二千年にわたって中国の歴史をいろどることになった。

中国思想は、皇帝の独裁を、聖王であるという条件でゆるし、革命を人間性回復のためという条件で容認する。理念の二重性なのだ。

日本では機構あるいはしきたりは上の権力二重構造で自己を制御し、中国では理念の二重性と竜鳳の交替で蘇生をくり返した。

機構は『実』であり、理念が『名』であることはいうまでもない。

このように、長短相補うような国家を、たがいに隣国として存在させているのは、摂理のような気がする。

どちらがすぐれ、どちらが劣るかという問題ではない。一方が一方を倣《なら》って、それに同化してしまっては、なにもならない。摂理にたいする冒瀆《ぼうとく》であろう。

あとがき

本書の初版は昭和四十六年（一九七一）に世に出た。もう三十数年になる。私が直木賞をいただいて数年しかたっていないころだった。私はいろんな人のお世話になっている。編集者の人たちの友情に支えられて世の中に出たわけである。そのなかに大手出版社の編集長のＩ氏がいて、会社内部にもめごとがあり、職を去らざるをえなくなった。いきさつは忘れたが、彼にはなんの落度《おちど》もなかったのである。Ｉ氏は新しい出版社を設立し、創業の苦しみの中にあった。私はそんな彼を応援しようと思い、書き下ろしの作品を書くことにした。それが本書である。

私の視野でとらえた日本と中国をテーマにするが、文中にもふれたように、版元はできるだけ時事のことを取り上げてほしかったらしいが、私はできるだけそれから離れようとした。「眼前の問題を追うあまり、水面にうかんだ屑や泡を掬い取るだけに終わるのをおそれる」と、私はその理由を説明している。

時代はちょうど日中国交正常化で、ときの田中角栄《たなかかくえい》首相が中国へ行き、毛沢東主席や周恩来総理と会談し、ちょっとした中国ブームがおこっていた時期であった。私のような者のところにも、そんな時事にかんするエッセイを依頼する申し込みが多かった。そのたびに私は「すでに依頼を受けていますので」と、本書のことが、ことわる理由になったものである。東アジアの近代史のことなら、アヘン戦争から研究せよというのが私の主張であった。小説のアヘン戦争は三巻もあって、とっつきにくい人も多いので、新書版の『実録アヘン戦争』を、本書の執筆と同時にペンをとって進行していたことが思い合わされる。

国交正常化以前は、中国へ渡航することもできなかった。だから日本生まれの私は、戦後三年半ほど台湾で教職に就《つ》いたほか、香港取材で行っている程度で、大陸での居住経験はまだなかった。そのことが、私に執筆をためらわせた。しかし私は『人』を書くのである。台湾で多くの人に会った。中学の同僚にも大陸の人はいたし、神戸でも私は中国人のグループに囲まれて生活した。

本書執筆後三十数年、私は数え切れないほど多く中国の土を踏んだ。その結果、本書に訂正すべき箇所はほとんどないとわかり、時事を避けたことは正解だとわかり、胸を撫《な》でおろしている。

なにしろ四十歳代の若書《わかが》きであり、表現に不適切なところがあり、それは訂正させていただいた。

二〇〇五年七月

解説――日中両国、そして日中関係の本質に迫る貴重な書

早稲田大学大学院　教授　天児《あまこ》　慧《さとし》

中国研究を自分の専門的なテーマとして取り組み始めて間《ま》もない一九七二年の頃だった。振り返ってみれば、ちょうど同じ時期に陳舜臣氏の『日本人と中国人』初版が出版され、すぐに購入して読んだ。今回復刊にあたって解説を依頼されたとき、その記憶が思い出され、自宅の本棚の奥から、ほこりをかぶり色あせた初版の書を見つけた。頁《ページ》をめくるごとにアンダーラインが引かれ、稚拙《ちせつ》ではあるが自分なりのコメントが書きなぐられていた。しかし歳月を経《へ》るうちに、この本の内容自体はすっかり忘れていた。

その後、私も中国研究者として何とか世に認知されるようになり、日中関係についての本も、『彷徨する中国』（朝日選書、一九八九年）、『中国とどう付き合うか』（NHKブックス、二〇〇三年）、『中国・アジア・日本』（ちくま新書、二〇〇六年）、『日中対立』（ちくま新書、二〇一三年）などと、それなりにまとまったものを世に出してきた。それらを並べながら、改めて本書を読み直してみて、日中関係を考える基本的なスタンス、問題意識と

いったものがかなり似ていることに気が付いた。無意識のうちに陳氏の影響を受けていたのだろうか。もちろん中国人、日本人としての目線、皮膚感覚の相違は間違いなく存在している。中国の歴史に対する彼の理解の深さに、私はとうてい及ばない。

ともあれ一般に、日中を考えるとき、漢字文化、食文化、黄色人種、隣国などの共通性からよく「同文同種」「一衣帯水《いちいたいすい》」の間柄《あいだがら》といった表現が用いられる。しかし陳氏は「まえがき」で、中国自体が多様性に富んだ国で、地域によって風習までも異なっていることを十分に理解していない日本人は、しばしば誤解の「陥穽《かんせい》」に陥《おちい》る、日本と中国の相互理解に少しでも役立ちたいと本書の執筆動機を語っている。

私も一九八六年から一九八八年まで、北京に住み、その二年間あまり可能な限り中国各地を訪れ、自分なりの中国観のようなものが芽生《めば》えていた。そこで右記一九八九年の自著を書き、一つの章で日中関係を論じたのだが、ポイントは「相互理解の落とし穴」「感情表現・空間時間認識をめぐる日中の違い」ということであった。

本書は八章立てで構成され、中国と日本の具体的な事例を用いて比較を論じている。そこにはそれぞれはっとさせられる話、なるほどと納得させられる話など豊富な事例にあふれ、興味が尽きない。しかし、本書全体に流れている共通のポイントは「似て非なる存在」、日本人と中国人の「違い」である。

第一章は「儒教」をめぐる特徴がテーマである。儒教は中国で生まれた思想の体系、生活規範の体系であり、生活そのものであったと指摘する。他方で、日本では理念として取り入れられただけで生活の中にしみとおるまでにはならなかったと述べている。身分制度、世襲制度が支配を支えた日本では、それゆえに科挙制度が取り入れられず、儒教による官僚体制が成長しなかったというわけである。江戸時代の儒者、林羅山や新井白石、はたまた二宮尊徳、吉田松陰らを思い浮かべると、日本における儒学の位置は大きかったと思われるが、陳氏の眼から見れば、それでも大したことではないということになるのか。

第二章では、よく日中関係を「脣歯輔車《しんしほしゃ》」の関係と例えられるが、近代以前ではそれはただの作り話に過ぎないと一刀両断する。もちろん日本は中国の「理念」を浴びるように受け入れたが、中国の「現実」にはほとんど触れなかった。しかも近代に入り、日中が「脣歯輔車」の関係になってから両国関係は悪化した、これが両国関係を考える出発点であると強調する。そこで思い出されるのが、国交正常化後二〇年近く、日本人の対中国感情は大変よかったことである。幅広い交流などほぼ無しの状態であり、そうした好意的感情はたぶんに中国の古典や毛沢東共産党の発する極端に美化された情報に基づく「世界＝理念」への憧《あこが》れ、共感でしかなかったのではないか。そして交流が深まるにつれて、対中感情は悪化していく。思考のパターンとしては、明治維新前後の日本人と共通しているといえるかも知れない。

第三章は、「面子《メンツ》」と「もののあわれ」を扱っている。神を創造した欧米やアラブと異なって、中国も日本も無神論、言い換えれば「人間至上主義」で共通している。しかし役に立つと分かればすぐに取り入れる日本に対して、中国では採用するのは容易ではない。厳しい自然に対峙した人間（為政者）の力に寄せる信仰の強さが形式主義を生み、その象徴が「面子」だと指摘する。これに対して日本は穏やかな自然に包まれ、英雄、聖人といった人間の力も神も必要としなかった。神的でも人間的でもないものの延長線上に、著者は「もののあわれ」を見る。このロジックはやや飛躍しているが、自然と戦う中国人と自然に調和しようとする日本人、「もののあわれ」は自然との距離感から生まれたという文脈を立てれば納得できる。

第四章では、道標《みちしるべ》を作っていった民族と道標を頼りにして歩いてきた民族との差異が描かれている。道標を作るとは論争をし尽くすことで、過程を重んじるが、すでに道標を持っているということは、過程ではなく結果を重んじることになる。日本にある「以心伝心」ということは、まさに過程を抜くことだと指摘する。これはこれで納得できるが、長く続く共産党天下の中国では、すでに共産党によって作られた道標にしたがうことが求められ、その結果、過程重視の文化から結果重視の文化に移行したとも言えるのだろうか。著者が生きておられたら、伺《うかが》ってみたい点である。

第五章は、日本人の「血統主義」と中国人の「文明主義」の差異を扱っている。孫文の右腕の一人戴季陶《たいきとう》は「小さく、しかし、強力にまとまる」のが「日本的性格」と喝破《かっぱ》したが、その中心に血統主義があった。天皇家がその頂点にある。これに対して中国では、血縁と地縁でがっちりと固まることはなく、中国のこだわりは文明であったと言う。蛮夷《ばんい》も文明を持てば尊敬に値《あたい》する人間になれ、逆もまた可能であった。いわゆる「華夷変態《かいへんたい》」論で、日本の純血主義、血統主義にない柔軟性があると説く。

第六章は、バランスを尊ぶ中国人とアンバランスを好む日本人という対比が描かれている。例としては、慶弔を問わず門や壁に貼り付けられる「対聯《ついれん》」が左右で何らかのバランスをとって書かれていることをあげている。確かに儒教の「中庸《ちゅうよう》」は人間のあるべき倫理観、望ましい統治の形として中庸を説いている。「和を以て貴《とうと》しとなす」もバランスであり、近年急激に発展し、格差が目立つ中国で「和諧《わかい》社会」が強調されるようになったのも、そうした考えが底流にあるからかもしれない。しかし現実の歴史は、毛沢東の治世を見るまでもなく波乱に富んだものであり、日本の方がはるかに動乱の少ない社会であった。また「和を以て貴しとなす」は中国古典の言葉であるが、聖徳太子の「憲法十七条」以来、日本で尊ばれた言葉であった。著者はどうこれを切り返すか。

第七章は、再び、面子尊重の形式主義の土台となる人間至上主義に戻って議論し、宗教的人間はゼロから百をつかもうとするが、中国人はゼロは「無《む》」とみなし、具体的な数字を持ったもの、「形式」「外面」を重視する。日本では、人間はそれほどえらいもの、畏敬すべきものではないという考えがあったため、ひどい形式主義がはびこらなかったという。さらに文化と政治について、三島由紀夫、安倍公房、石川淳、川端康成が「中国の文化大革命は学問芸術の自由を侵《おか》す」と非難声明をしたことを取り上げ、著者はこれはすぐれて「日本のもの」の考え方、中国では文化と政治は引きはがすことはできない「礼楽《れいがく》の治《ち》」であると反論した。

第八章＝終章でも、名と実、歴史観、竜と鳳などをネタにしながら日中比較論を行なっているが、最後には、どちらが優れ、どちらが劣るという問題ではなく、長短相補う国同士として関わり合うことが大事だと語っている。

本書を通して陳氏が全《まった》く触れなかったが、日中比較の中でもう一つ重要なイシューがあるように思われる。それは権威、権威主義をめぐる差異である。血統主義、強い差別意識から考えると、日本の方が権威主義が強くても不思議ではない。しかし「中華思想」、中華秩序観の核心には権威、権威主義がある。これをどのように解釈するのか伺ってみたかった。

いずれにしても、半世紀近く前にかかれた本書の内容は、今日《こんにち》の日中関係を考えるうえでも意味のある議論が多く、新鮮な感覚で読み通すことができる貴重な一冊である。陳舜臣氏自身が二〇〇五年版の「あとがき」の最後で、「本書執筆後三十数年、私は数え切れないほど多く中国の土を踏んだ。その結果、本書に訂正すべき箇所はほとんどないとわか」った、と語っている。その洞察力に改めて感嘆させられると同時に、人間社会、物事の本質を考察しようとする人間の分析、描写はかくあらねばならないと痛感させられた次第である。

切りとり線

★読者のみなさまにお願い

この本をお読みになって、どんな感想をお持ちでしょうか。祥伝社のホームページから書評をお送りいただけたら、ありがたく存じます。今後の企画の参考にさせていただきます。また、次ページの原稿用紙を切り取り、左記まで郵送していただいても結構です。

お寄せいただいた書評は、ご了解のうえ新聞・雑誌などを通じて紹介させていただくこともあります。採用の場合は、特製図書カードを差しあげます。

なお、ご記入いただいたお名前、ご住所、ご連絡先等は、書評紹介の事前了解、謝礼のお届け以外の目的で利用することはありません。また、それらの情報を6カ月を越えて保管することもありません。

〒101-8701（お手紙は郵便番号だけで届きます）
祥伝社新書編集部
電話03（3265）2310
祥伝社ホームページ　http://www.shodensha.co.jp/bookreview/

★本書の購買動機（新聞名か雑誌名、あるいは○をつけてください）

＿＿＿＿新聞の広告を見て	＿＿＿＿誌の広告を見て	＿＿＿＿新聞の書評を見て	＿＿＿＿誌の書評を見て	書店で見かけて	知人のすすめで

★100字書評……日本人と中国人――〃同文同種〃と思いこむ危険

名前

住所

年齢

職業

陳舜臣　ちん・しゅんしん

1924年、兵庫県神戸市生まれ。1943年、大阪外国語大学印度語科卒業。同校西南亜細亜語研究所助手を経て、家業の貿易業に従事。1961年、『枯草の根』で江戸川乱歩賞を受賞し、作家生活に入る。1969年、『青玉獅子香炉』で直木賞受賞。以後、日本推理作家協会賞、毎日出版文化賞、大佛次郎賞、吉川英治文学賞、朝日賞、日本芸術院賞などを受賞。著書に『阿片戦争』『小説十八史略』『中国の歴史』『諸葛孔明』『琉球の風』など。2015年1月、逝去。

日本人《にほんじん》と中国人《ちゅうごくじん》

——〝同文同種《どうぶんどうしゅ》〟と思《おも》いこむ危険《きけん》

陳舜臣《ちんしゅんしん》

2016年11月10日　初版第1刷発行

発行者……………辻 浩明

発行所……………祥伝社《しょうでんしゃ》

〒101-8701　東京都千代田区神田神保町3-3

電話　03(3265)2081(販売部)

電話　03(3265)2310(編集部)

電話　03(3265)3622(業務部)

ホームページ　http://www.shodensha.co.jp/

装丁者……………盛川和洋

印刷所……………萩原印刷

製本所……………ナショナル製本

Printed in Japan　ISBN978-4-396-11487-9　C0239

〈祥伝社新書〉
歴史に学ぶ

366
はじめて読む人のローマ史1200年
建国から西ローマ帝国の滅亡まで、この1冊でわかる！
早稲田大学特任教授
本村凌二

463
ローマ帝国　人物列伝
賢帝、愚帝、医学者、宗教家など32人の生涯でたどるローマ史1200年
本村凌二

168
ドイツ参謀本部　その栄光と終焉
組織とリーダーを考える名著。「史上最強」の組織はいかにして作られ、消滅したか？
上智大学名誉教授
渡部昇一

361
国家とエネルギーと戦争
日本はふたたび道を誤るのか。深い洞察から書かれた、警世の書！
渡部昇一

379
国家の盛衰　3000年の歴史に学ぶ
覇権国家の興隆と衰退から、国家が生き残るための教訓を導き出す！
渡部昇一
本村凌二

〈祥伝社新書〉
歴史に学ぶ

472
帝国議会と日本人
なぜ、戦争を止められなかったのか
帝国議会議事録から歴史的事件・事象を抽出し、分析。戦前と戦後の奇妙な一致！
歴史研究家 **小島英俊**

448
東京大学第二工学部
なぜ、9年間で消えたのか
「戦犯学部」と呼ばれながらも、多くの経営者を輩出した〝幻の学部〟の実態
ノンフィクション作家 **中野 明**

392
海戦史に学ぶ
名著復刊！ 幕末から太平洋戦争までの日本の海戦などから、歴史の教訓を得る
元・防衛大学校教授 **野村 實《みのる》**

460
石原莞爾の世界戦略構想
希代の戦略家であり昭和陸軍の最重要人物、その思想と行動を徹底分析する
日本福祉大学教授 **川田 稔**

351
英国人記者が見た
連合国戦勝史観の虚妄
滞日50年のジャーナリストは、なぜ歴史観を変えたのか？ 画期的な戦後論の誕生！
ジャーナリスト **ヘンリー・S・ストークス**

〈祥伝社新書〉
経済を知る

402
大学生に語る資本主義の200年
マルクス思想の専門家が「資本主義の正体」をさまざまな視点から解き明かす
神奈川大学教授
的場《まとば》昭弘《あきひろ》

111
超訳『資本論』
貧困も、バブルも、恐慌も——マルクスは『資本論』の中に書いていた!
的場昭弘

151
ヒトラーの経済政策
世界恐慌からの奇跡的な復興
有給休暇、がん検診、禁煙運動、食の安全、公務員の天下り禁止……
ノンフィクション作家
武田知弘

203
ヒトラーとケインズ
いかに大恐慌を克服するか
ヒトラーはケインズ理論を実行し、経済を復興させた。そのメカニズムを検証する
武田知弘

343
なぜ、バブルは繰《く》り返されるか?
バブル形成と崩壊のメカニズムを経済予測の専門家がわかりやすく解説
久留米大学教授
塚崎公義《きみよし》

〈祥伝社新書〉
経済を知る

390
退職金貧乏
定年後の「お金」の話
長生きとインフレに備える。すぐに始められる「運用マニュアル」つき！
塚崎公義

371
空き家問題
1000万戸の衝撃
毎年20万戸ずつ増加し、二〇二〇年には1000万戸に達する！　日本の未来は？
不動産コンサルタント
牧野知弘

477
民泊ビジネス
インバウンド激増によりブームとなった民泊は、日本経済の救世主か？
牧野知弘

478
新富裕層の研究
日本経済を変える新たな仕組み
新富裕層はどのようにして生まれ、富《とみ》のルールはどう変わったのか？
経済評論家
加谷《かや》珪一《けいいち》

306
リーダーシップ3.0
カリスマから支援者へ
中央集権型の1.0、変革型の2.0を経て、現在求められているのは支援型の3.0だ！
慶應義塾大学SFC研究所
小杉俊哉

〈祥伝社新書〉
大人が楽しむ理系の世界

419

1日1題！ 大人の算数

あなたの知らない植木算、トイレットペーパーの理論など、楽しんで解く52問

埼玉大学名誉教授
岡部恒《つね》治《はる》

338

大人のための「恐竜学」

恐竜学の発展は日進月歩。最新情報をQ＆A形式で

北海道大学准教授
小林快次 監修

サイエンスライター
土屋　健 著

080

知られざる日本の恐竜文化

日本人は、なぜ恐竜が好きなのか？　日本の特異な恐竜文化を言及する

サイエンスライター
金子隆一

318

文系も知って得する理系の法則

生物・地学・化学・物理――自然科学の法則は、こんなにも役に立つ！

元・慶應義塾高校教諭
佐《さ》久《く》　協《やすし》

430

科学は、どこまで進化しているか

「宇宙に終わりはあるか？」「火山爆発の予知は可能か？」など、6分野48項目

名古屋大学名誉教授
池内　了《さとる》